黄文雄

米中韓が仕掛ける「歴史戦」

世界史へ貢献した日本を見よ

ビジネス社

序章　日本文明は日本人の誇り

世界でいちばんぶれない日本の歴史

戦前、世界から「万邦無比《ばんぽうむひ》」（どこの国にも比べるものがないこと）とよく評されたのは、「万世一系」の天皇である。それは隣国「易姓《えきせい》革命」の中国や韓国とは、まったく国体が異なる。市民革命後に王制から共和制へ移行した西欧の国とも違う。

もちろん人類史上、神代から今日にいたるまでの歴史をもつ国も日本だけだ。中国（中華人民共和国）と韓国（大韓民国）は、五〇〇〇年や半万年（かつて韓国には「檀君《だんくん》紀元」という朝鮮固有の年号があり、ちなみに西暦二〇〇六年は「檀紀四三三九年」ということになる。四捨五入すると四〇〇〇年だが、切り上げて「五〇〇〇年の歴史」とか「半万年の歴史」という言い方がされる）の歴史を自己主張しているが、いずれも第二次世界大戦後、内戦後から生まれた国にすぎない。政体もそれほど安定しているとは言えない。

第二次大戦後、世界の国家は六〇前後しかなかった。しかし今では、すでに二〇〇前後と三倍以上も増えている。すなわち今の国々は、ほとんどが戦後生まれなのである。

日本は平安時代、江戸時代のみならず、縄文時代はもっと平和が長かった。数百年にわたって平和社会を持続しているのも「万邦無比」の一つである。

長期にわたって平和社会を実現・維持できているのは特定の人物による努力や憲法九条でないことは言うまでもない。それは自然の摂理と社会の仕組みから生まれたもので、「易姓革命」や「一治一乱」の国々とは歴史がまったく違う。

一般に衣食住など生活様式を表す文化はどの国もたいていユニークだが、より普遍性が高い文明のなかでも、日本文明はとくにユニークだと言われる。日本文明の特質を挙げるとすれば、歴史文化が少しもぶれないことである。西洋史において原始から封建、資本主義から社会主義という史的唯物論の発展図式は一時的に流行った。中国もそれを国定の史観・史説にしたことがある。しかし、こういう社会発展説は一〇〇近くもあり、とるに足らない。

こうした世界史と比べても、日本は神代から今日にいたるまで、世界でいちばんぶれない歴史をもっているという点でユニークである。それは、決して「国体」や「政体」という次元だけの話ではない。いくら「摂関政治」や「院政」、「武家政治」などと時代による政治形態の違いを細かく分類したところで、人類史、世界史という大きな視点から見ると日本史はいちばんぶれがない。ぶれないということは、社会の安定性、文化の持続性、人間の振る舞いの一貫性を意味する。
では日本はなぜぶれないのだろうか。その理由を挙げてみる。

1 **主体性が強い**——遣唐使を中止して以来、日本は鎖国と開国を繰り返してきた。これは外からの強制ではなく、日本の自由意志によるものだ。外国に征服されたことがないという理由も大きい。だからと言って、どの国にもできるものではない。たとえば、朝鮮半島の定めは事大（弱者が強者に事《つか》えること。）という歴史の法則だから、北朝鮮のように、「チュチェ（主体）」を強調しすぎると孤立を免れない。

2 **緑と水の豊かな自然環境**——火山の爆発、水害、旱魃《かんばつ》、疫病などの自然災害に襲われて不作になることはあるが、そうした天変地異が起きることは稀である。そのため、「有限な資源」をめぐる争いが少ない。一〇〇年ぐらいの「戦国」の時代はあっても、他国のような「戦乱」と言えるほどの時代はなかった。

3 **武士の国だから**——戦争の主役は武士であり、戦国時代の戦いは劇場性とスポーツ性が強く、民はたいてい武士同士の決闘の観戦者となっていた。全民戦争の国と違って、城郭の構造も機能も異なる。この戦争様式の相違は、比較戦争様式論からもっと注目すべきだろう。

4　神道と仏教の「習合」――原始神道の習合という原理は一体どう生まれたのか、私はずっと考えてきた。長江文明は黄河文明に征服されたのに対し、なぜ日本は征服ではなく「習合」の原理が生まれたのだろうか。縄文と弥生の文明は異なる。しかし、森の民と田の民が対抗しないのは、地勢学や地形学から見て、日本の水稲耕作農法は垂直だからだろうか。水をめぐる争奪は逸れた。仏教と原始神道は森から生まれた多神教的な宗教観だけでなく、神道の共生と仏教の衆生の思想は習合の原理という共通性によって、神仏習合のもっとも基本的原理にもなったのではないだろうか。

5　多様性を許容する「和」の原理――中華思想との最大の違いは「和」と「同」が基本（ベース）となっていることだ。小異を捨てて大同を求めるという考え方の行き着く先は「大同の思想」となる。それは今の用語でいえば、「全体主義的思想」かもしれない。

しかし、和は多様性を許容する。「八百万《やおよろず》の神」も「八十神《やそがみ》」も「万能の神」と違い、田の神や水の神は一技一芸しかない。したがって集団社会の中では、相互依存しながら暮らす「和」がないと成り立たない。天皇でさえ、権威と権力が分割されているので力の独占を忌避する。それが大和民族の性格にもなっているのだ。日本が海外のさまざまな文化を受け入れるのは、この多様性の象徴ではないだろうか。

日本人の歴史も文化も日本人の性格も「その場主義」が嫌われ、新しいものと古いものが共存している。日本の歴史は世界史の中でも一貫性が強く、ほとんどぶれない「万世一系」の国体が象徴的である。そのぶれない体質が安定の社会を生み、その社会から日本的性格も生まれたものであろう。

もちろん、ぶれないということは「変化せず伝統に固執する」ことと必ずしも同義ではない。軸心が安定しているので、いかなる変化があっても強靱な対応力を維持していくからである。

安定して安全・安心な日本社会の奇跡

ここで神代の時代からの日本史を振り返ってみよう。世界の国に比べ、日本の歴史は前述したように「万邦無比」と言っていいほど非常に安定していた。たとえば、大陸の中国は「一治一乱」と言われ、戦争のない年はなかったほどだ。上層部では改革開放路線を推し進める一方、下部では村対村の戦争である「械闘《かいとう》」が一九九〇年代に入っても続いていた。

しかし、日本史は室町時代末期から約一〇〇年続いたいわゆる戦国時代でさえも、あくまで戦闘の主役は武士団であり、上下を巻き込んだ「天下大乱」の時代はなかった。江戸時代の二百余年、平安時代の三百余年もの長きにわたって平和社会を守り続けたのは人類史上では他に類例はない。

縄文時代は平和がもっとも長く、ほとんど一万年ぐらい戦争はなかった。戦争と平和を繰り返す世界史から比較すれば、日本一国のみが社会に「平和」のシステムをもっているようだ。それが安定の理由の一つだろう。

社会が安定して安全だからこそ、個人も家族も安心して生活を送ることができる。「安定して安全で、安心できる社会」は、はるか神代の時代からというよりも、縄文時代までさかのぼることが可能だ。そうした社会が時代とともに成熟しつつ、平和の仕組みができあがってくる。

日本が古代から「安定して安全で、安心できる社会」であることは、すでに『魏志倭人《ぎしわじん》伝《でん》』と『隋書《ずいしょ》・東夷伝《とういでん》』に「盗み少なし」と特筆されていることからもわかる。大航海時代後、初来日したフランシスコ・ザビエルなどの宣教師をはじめ、著名な女性旅行家イザベラ・バード[1]からも、「匪賊」のない日本について、「安全にして安心できる」日本を伝えている。それだけ日本がユニークな社会なのである。

中国は、二〇世紀に入ってからも「賊《ぞく》のいない山はなく、匪《ひ》のいない湖はない」と言われるほど「匪賊共和国」の国だった。韓国はその昔、草賊、火賊で有名な国だった。現在はかなり改善されたと思われるが、李朝時代には、女性が外に出ると、男性からの性的暴行を避けられるのは一人もいないとシャルル・ダレ神父[2]の『朝鮮事情』にある。

欧米では今、女性旅行者に「強姦注意」と呼びかけるほど「婦女暴行」の危険性の高い国である。

海外旅行をした日本人なら、誰でも日本がいかに「安定して安全で安心できる社会」であるかを知ることができる。が、そういう社会は、じつに珍しいのも世界の「常識」である。私はよく「地球行脚《あんぎゃ》」をする。一人よりも大人数の団体のほうが比較的安全だというのが実情であるし、あるときなど、拳銃をもつ「特殊部隊」に守られながら市内観光までした経験さえある。

近年、台湾で実施された意識調査では、「観光したい」「住みたい」国として、日本は北米のアメリカ、カナダを抑えてトップになっている。やはり日本はとても美しく、治安がいい国というのがその理由だ。

また、世界で一番「好きな国」でも日本がいつもトップで、二位のアメリカを大きく引き離した。ちなみに、もっとも「嫌いな国」は中国と韓国がトップ争いをしている。このような意識調査の結果は、決して台湾だけの特殊事情ではない。

ところが、二〇一四年から突如異変が起き、日本社会の安全度が下がり始めた。やはり東日本大震災と原発事故の影響が強かったのか、アメリカの調査機関によれば、一番安全な国はアイスランドである。台湾の評価も上がって二位になった。もっとも、台湾の自由度は逆に後退している。中国の脅威があるので安心度もなかなか上がらない。それでも日本は他国に比べると、かなり安全な国である。

では、なぜ日本は古代から今日に至るまで、「安定して安全で安心できる社会」であるのか。その主な理由を挙げてみよう。

1 **地政学的な理由**――日本は島国のため周囲を海に囲まれ、地政学的に外敵の侵入が容易ではない。中国は人工的に長城をつくり、長江の防御があってもモンゴル人の元や満州人の清に征服されることを避けられなかった。

2 **生態学的理由**――遊牧と農耕はそれぞれ生態学的に異なるが、気候の変化、自然や資源の枯渇により紛争が避けられない。この人間と資源とのバランス関係については、すでに二千余年前か、それよりもっと以前から知られている。「昔は物が多く、人が少ない。今は人が多く、物が少ない。だから争いが絶えない」と戦乱のもっとも根本的な理由を喝破したのは『韓非子《かんぴし》』3である。

なぜ中国人の殺し合いが絶えないのか、なぜ李朝末期の階級制度がますます強化されたのか。人間と資源との関係からみれば、水と緑の資源が豊かなことも日本で争いが少ない理由の一つだろう。

3 社会の仕組み――日本社会の仕組みは、どう生まれたのか。それは自然の摂理とかなり関係が深いと思われる。戦乱も匪賊も少ない理由は、主にその豊かな自然の摂理から来るものである。数百年にもわたって平和社会を守り続けられるのは、その自然の摂理から生まれた社会の仕組みがあるからだ。天才や聖人の努力でも、「平和憲法」があるからでもない。その社会の仕組み、つまり風土から生まれたのが日本人の国民性である。安定にして、安全、安心できる社会は日本人だけでなく、誰にとっても魅力的である。

日本のどこが美しいのか

世界には、美そのものが力であるという普遍的価値観がある。平和な日本社会は誰にとっても魅力的だが、美しい日本は世界から一層魅力的に映る。

時代によっても、国家や民族によっても、価値観が同じでないのは言うまでもないし、普遍的なものへの欲求や、あるいはユニークなもの、特殊的価値への固執があるのも、人間としては避けられない。いわゆる「十人十色」である。

ことに民族特有の価値意識については、西洋人は「真」を、中国人は「善」を、インド人は「聖」をという見方もある。日本人は「美」を求める傾向が強い。戦前の日本人には「真善美」を理想とする風潮があった。

たとえば、西田幾多郎《きたろう》[4]には『真善美』という哲学の著書もある。マックス・ウェーバー[5]は「真善美」などの価値意識について、社会学と歴史哲学から示唆的な分析がある。

ウェーバーは、人間の一般的社会行動様式を四つの類型に分けた。つまり、目的合理的、価値合理的、伝統的、感情的など四つの類型である。この四つの行動類型は単独のものではなく、複雑にして微妙に相互交錯している。もちろんそれは社会行動の類型ではなく、社会的価値類型の変数を表わすものである。

人間の価値判断は時間的には現在の感情あるいは未来の結果を考慮するか、社会的には自分の利益あるいは社会に与える効果を考慮するかによって、以下の四つのもっとも基本的な判断基準がある。

①もし現在を中心にし、「感情」を本位とするなら、「美」が最高の価値となり、「鑑賞」によって支配される。
②もし未来を中心にし、「理性」を本位とするなら、「真」が究極的な価値となり、「認識」に支配される。
③もし自我を中心にし、「幸福」を最終価値とするなら、「欲求」に支配される。
④もし社会を中心にし、「善」を最高価値とするなら、「規範」に支配される。

たいてい日本人が「美」を西洋人が「真」を中国人が「善」を、インド人が「聖」を求めている。

江戸時代の国学者は「和魂（和心）」と「漢意（唐心）」との違いについてこだわった、とよく言われる。「純と誠」を重んじ、儒学の「勧善懲悪」に批判的なのは、やはり日本は「善」よりも「美」への志向が強いことに起因するのではないだろうか。

日本は「善悪」よりも「ハレ」「ケガレ」について、より関心が強いのも美への志向からくると思われる。それは「善悪」の価値基準の設定が難しいからであろうか。そういう点も、和漢の文化による違いからくるものだろう。

志賀重昂《しげたか》[6]の『日本風景論』（明治二七年）が出版されたのは、ほぼ日清戦争の最中で、一世を風靡するベストセラーとなった。日本最初のノーベル文学賞受賞者の川端康成が授賞式後の記念講演で、「美しい日本の私」を語り、「美しい国へ」のなかで安倍晋三は日本の美、そして日本人の心について語った。

日本は、じつに美しい。そして、その美しさはよく語られる。志賀直哉の『日本風景論』は日本の自然、風土の美を絶賛している。現世の極楽浄土と賛嘆され、自然美の極致とまで語られるのは日本の自然風景である。

欧米の大陸ともユーラシア大陸全域とも違って、日本列島は広漠な平原や壮大な高嶺が少なく、山あり川あり、海ありと変化に富む自然をもつ。豊かな緑と水に包まれている。四季もはっきりしている。春には桜やコブシが咲き、夏には向日葵《ひまわり》や百日紅《さるすべり》が開き、秋になるとススキの穂が風に揺れ、紅葉も見られる。そして木枯らしが吹いて冬景色が広がる。このような四季折々の色の変化は何度見ても飽きない。

もちろん、私もその一人である。変化に富む自然の景観に惹かれ、何度も訪日する外国人客も少なくない。私はかつて台湾の有名な尼寺の尼僧たちを奥日光に案内したことがあった。すると、あの秋の紅葉の景色を目にして、常日頃修行を積んでいる彼女たちの平常心も揺れ始めたのだろう、賛嘆する声が絶え間なく上がる。「これこそ現世の極楽浄土では」という感想も耳にした。「もののあわれ」を知るとはこのことだろうか。この変化に富む自然の中で、日本人は昔から自然と共生し、季節や山川草木と暮らし、景色の変化とともに多愁善感（センチメンタル）の繊細な感受性をもつようになった。

自然との共生から無常観が生まれ、無常美観になり、無常美意識なるものが生まれたのも美しい自然に包まれているからだろうか。西行の和歌も、宗祇《そうぎ》[7]の連歌も、雪舟《せっしゅう》の絵も、利休の茶の湯も、芭蕉の俳諧も、無常観から生まれた無常の美意識に彩られている。

そして、自然に従い、自然に帰依し、自然に習うことが日本で言う「あるがまま」だろう。人為を捨て、自然に回帰することが無私であり無我である。我欲、我執を捨て、あるがままの自然に回帰することで無心につながる。

日本の仏道も武道も諸芸諸能も、修行、修道を通じて、自我の自然への凝視を喚起し、新たな精神的な世界を拓いていく。そこで生まれた日本独自の文化、文学、諸芸、諸能が完成度の高い日本人の精神的遺産となり、国家の品格や国民の品性が育てられ、日本人の心と魂となる。

美しい自然から生まれた日本人の美しい心が、外国から見て魅力的なのは、日本の自然と社会の所産ともいえる。異邦人が日本を訪れた際、もっとも心を震わせるのは、やはり「美」に対してである。日本人自身も、美を善をも超える価値とみなしているのは間違いない。

著名な経営学者ドラッカーは、日本美について、「すべての文明、あるいは国の中で、日本だけは、目よりも心に接することによって理解できる国である」と語っている。そして、日本絵画は位相数学的「トポロジカル」だと指摘した。

トポロジーとは連続性のことであり、「源氏物語絵巻」などの大和絵にも見られる。このトポロジーは、歴史の連続性ともつながるのだろうか。アインシュタインもアーノルド・トインビーも、インド詩人のタゴールも、同様に日本の自然美だけでなく、心の美までも、老若や貴賎を問わず、日本人の美を味わう能力を絶賛している。

ドイツ人のシーボルトは日本庭園の美、ゴッホは浮世絵だけでなく、太古からの芸術性を、アーネスト・フェノロサは法隆寺夢殿《ゆめどの》の救世《ぐぜ》観音像に感動を受け、日本の美に魅了された。

また、ラフカディオ・ハーンこと小泉八雲は、日本の自然・芸術の美だけでなく、純朴な礼節、高尚な伝統文化、日常品でさえも美術品であることに魅了され、「日本人以上の日本人」になったのである。

すでに昔から、江戸は「世界一清潔な都」と西洋人に評されていた。世界一清潔にして、きれいな都市は、美しい日本の自然から生まれ、伝統文化から生まれたものである。この自然と文化から生まれた日本人の心はとても美しい。そこが日本人のもっとも大きな魅力でもある。

1イザベラ・バード　イギリスの紀行作家。一八三一～一九〇四。当時としては珍しい女性旅行家として世界を旅して、本にまとめた。『イサベラ・バードの日本紀行（上下巻）』（講談社学術文庫）など。

2シャルル・ダレ　フランス人宣教師。一八二九～一八七八。アジア各地で布教し、『朝鮮教会史』などをまとめた。本人は朝鮮には入っていない。

3韓非子　戦国時代の法家、韓非の論集。厳格な法治主義を主張する。

4西田幾多郎　哲学者。一八七〇～一九四五。『善の研究』が有名。

5マックス・ウェーバー　ドイツの社会学者。一八六四～一九二〇。近代資本主義の合理的精神はピューリタニズムから生まれたと論考した。

6志賀重昂　地理学者。一八六三～一九二七。国粋主義者として雑誌「日本人」を創刊。衆院議員として政治にもかかわった。

7宗祇　室町時代の連歌師。一四二一～一五〇二。連歌の指導するために全国を旅し、大流行の立役者となった。

第二章 世界史と比べればよくわかる歴史

第二章 曲解される日本近現代史

第四章

二一世紀の日本の国のかたち

終章

日本人の歴史貢献を見よ

第一章

戦後日本人を呪縛する歴史認識

「正しい歴史認識」は歴史ではなく「政治」

人類は有史以来、地域によっても時代によっても、見方と考え方は決して同一ではない。つまり、時間的思考と空間的思考は、文化・文明によっても、国家・民族によっても異なる。たとえば、古代日本人の宇宙観・世界観は、天上は高天原、地上は瑞穂の国、地下は夜見（黄泉国）と根の国（海中）、つまり宇宙は三つの世界が垂直に重なり合っていると想像していた。

一方、横の三次元の世界と言えば、日出ずる東の国と日没する国まで、日本（本朝）、震旦（中国）、天竺（インド）の三次元世界に広がる。そして大航海時代以降になると、南蛮をも加え、四つの世界があると考えられていた。

日没する国である中国は、天下の中心であると自らを考えている。古代中国人の宇宙観・天下観と地理の常識については『尚書（書経）』の禹貢《うこう》、戦国時代の『山海経』、前漢時代の『淮南子《えなんじ》』「地形訓」に書かれているのでここでは詳述しない。

古代ギリシャやローマもインドも、それぞれ時間・空間の考え方は違う。中国の例で言えば、つい近代にいたるまで「天円地方《てんえんちほう》」（天円地方　天は円形、地は方形をしているという宇宙観）

と言い、円は「平面」であるという考え方しかなかった。円を「球体」とする古代ギリシャの円観とはまったく違うのだ。

一九八〇年代に、われわれは力学の研究会をつくったのだが、そのメンバーの一人である物理学者にこう教わったことがある。

「われわれ物理学の世界は、中国の伝統的な『天地人』の考えがなく、『空間と時間・人間』になるが、『天時、地利、人和』のような話は力学のベクトルの考えとは違う」

中国史には、自国を華とする中華史観から生まれた史説がたくさんある。私がまだ幼いころ、学校ではそれを無理やり叩き込まれたし、人民共和国の時代になると、今度は革命史観というマルクスからスターリンにいたる「史的唯物論」を強制されてきた。いわゆる「正しい歴史認識」というやつだ。教わるほうはたまったものではない。

有史以来、地域史でも世界史でも、あるいは民族によっても、宗教によっても、もっと言えば歴史観によっても、歴史の見方が異なるのが常識というものだ。「正しい歴史認識」などといって強制するのはただの独善でしかない。

生まれた国の風土や時代や歴史によって歴史観は変わり、どのような歴史観をもとうが当人の自由であるはずだ。それを中国や韓国のように政治的な都合で強要し、人間のもっとも根源的な性質であるものの見方と考え方まで奪おうとするのは、いかなる理由があろうと賛同できない。

以上を踏まえたうえで、地域や時代によって空間・時間を世界がどのように捉えてきたのか、比較しながら考えていきたい。

そもそも空間の概念は、時間の概念とともに、哲学上の概念、ことに認識論、あるいは科学論の概念として、もっとも基本的なものの一つである。日本では、「空間と時間」を厳密に分けるのではなく、併せた概念を「間」として捉えることが多い。しかし中国では「天地人」として三次元的にその関係を捉えることが少なくない。

仏教における空間の概念は、「空」として強調され、仏教伝来後、「空」について、もっとも唱えるのが「般若心経」である。「色即是空、空即是色」や「五蘊《ごうん》皆空」として、民衆まで日常語として語られる。しかも学者から哲学的、物理学的、数学的、さらに文化人類学的と多岐にわたり語られる。

古代ギリシャ文明圏では、デモクリトス[1]、プラトン、アリストテレスが論じ、西洋の空間概念の源流として、近代科学にも大きな影響を与えてきた。プラトンは空間を「仮象」でも「真象」でもなく、第三の概念であるとした。そして経験的事物は「イデアを父」とし、「空間を母」として生まれる子であると考えた。天体の世界と地上の世界、とりわけ人体を大宇宙（マクロコスモス）と小宇宙（ミクロコスモス）として対立させたのである。

アリストテレス以降になると、天上界と地上界とは原理的、価値的に区別された。地上界を中心に大宇宙と小宇宙が天体を支える球体の重層的構造をとりながら、閉鎖的な球的宇宙を構成していると考えられた。

コペルニクス以後の近代になると、ガリレイ、デカルト、そしてニュートンとライプニッツとの「絶対空間論」をめぐる対立が見られた。そして一九世紀に入って、「場（トポス）」の概念を中心に「空間論」をめぐって、心理学的な「生活空間」から美術学的「環境空間」、さらに文化人類学的な「文化空間」といった人間の生存空間の各領域にもおよんで取りあげられることになる。空間関係の記述についても、古代ギリシャ以来のユークリッド幾何学から非ユークリッド幾何学、そしてアインシュタインの「相対性理論」として展開されていく。

古代地中海文明の世界は、フェニキア人にもギリシャ人にもローマ人にとっても、開かれた空間であり、陸のシルクロードや海のシルクロードを通じてヘレニズムの文化的空間の境界は開かれていた。

大航海時代が始まった動機は、イスラム教徒によって「絹」や「香料」などの道を閉ざされたからだという指摘は少なくない。ヨーロッパ近代文明が拡散した歴史的背景には、ヘレニズムとキリスト教が異文明（非西洋文明）に向かって開かれたと言えるだろう。

中原、中土、中国を中心とする東アジア世界では、朝鮮も日本も「完全密封」ではないものの、開かれた世界ではない。古代中国人の宇宙観や世界観は、現代の天体物理学とは違って「天円地方説」、つまり天が円く、地は四角いという説である。古代ギリシャ人のように、唯一最高の実体を「球体」だとする考えはない。

中国人の円は平面的である。先ほども触れたが、古代中国人の世界観・天下観を代表するのは、『尚書』「禹貢篇」の「五服」[2]説だ。最古の地理誌『山海経』とそれを理論化した前漢時代の『淮南子』「地形訓」の九州説、九畿説がある。

九畿を天下の中心として、その外側に八殥《はちいん》、八紘、八極があると考え、八極には、それぞれ八本の柱があって、天を支える天円地方の宇宙観という自己完結の空間論であった。中原を中心円とする中華世界は、四夷八蛮に囲まれた華夷の世界を形成している。だから、万里の長城を築いて厳しい陸禁と海禁をつくり上げ、「閉ざされた中華世界」を築いたのだ。

もちろん日本人だって中国人のように「中国」といった天下中心思想を持つことは決して絶無ではない。たとえば江戸時代の国学者、平田篤胤《あつたね》は、イザナギ、イザナミの二神が最初に創造したオノゴロ島こそ大地の御柱であり、このオノゴロ島を核として生み出されたのが日本である、日本こそ直接神から生まれた神国であり、世界の中心である「大地の元本」だと説く。

江戸時代、儒学者における「中国・夷狄《いてき》」をめぐる論争の中でも、山崎闇斎[3]は「日本モ中国也」論があった。浅見絅斎《けいさい》[4]は唐を中国と呼び、日本を夷狄と称するのを不可とし、日本を神国、異国こそ夷狄と呼ぶべきだと中国尊崇の佐藤直方[5]派を痛烈に批判した。また、明が満州人に滅ぼされ、「華夷変態」後に「夷狄になった中国」に対して、山鹿素行[6]は、日本を「中央の国」と称し、「日本こそ中国」（『中朝事実』）と唱えた。

古代帝国の都は、たいてい「世界（天下）の中心」と考えられていた。インカ帝国の都、クスコは「ヘソ」の意味で、やはり「中心」を意味している。ところが、中国人だけは古代だけでなく、今日にいたってもあいかわらず古代人の化石のように、自国が天下の中心と考えている。それこそ中華思想から生まれた「妄執」ではないだろうか。

もちろん開国維新以前の日本も、完全密閉の世界ではなく、開国と鎖国を繰り返してきた。開国維新後の日本も、洋風と国風を二〇年周期に繰り返してきていると比較文明論的にも論証されたのである。

時間の概念や観念は、歴史によっても宗教や文化によっても、民族や個人によっても異なる。ことに歴史的時間の概念は歴史文化によって異なるのだ。時間の概念は、たいてい次の五つの類型になる。

①始めあり、終わりある線分上を直進する時間
②円周上を無限に循環する時間
③無限の直線上を一定方向へ流れる時間
④始めなく、終わりのある時間
⑤始めあり、終わりのない時間

日本人、中国人、インド人など同じ東洋人の間でも、時間概念は空間同様に決して一様ではない。まして東洋人や西洋人とではかなり異なる。言うまでもなく、古代人と現代人でも違う。また同じ日本人でも時間概念は決して同一ではない。時間観念となると、なおさらだ。

では、古代ギリシャ人の時間概念はどうだったのか――。彼らは、宇宙には永遠に続く調和的秩序があると想像していた。そして、「宇宙的秩序のモデルは天球である」と考えていたのである。プラトンもアリストテレスも、「宇宙は球体である」とみなし、その「循環する回転運動」を分節して数えれば、それが時間であると考えた。「宇宙は持続であり、永劫回帰である」とするヘレニズムの時間概念は、「時間は周期的な、あるいは循環するもの」と捉え、無限に循環するものと理解したのである。

初めに断っておくが、近代ヨーロッパの歴史意識を生み出したのは、決してギリシャ的ヘレニズム的時間ではない。ユダヤ教的時間である。始めと終わりがある時間の代表的な考えの一つがユダヤ・キリスト教的な時間の考えだ。つまり時間とは、始めから終わりまで直線的に一定の方向へ流れるものと考えていた。

『旧約聖書』の「出エジプト記」で語られるイスラエルの歴史、エジプトから出発して「約束の地」――「乳と蜜の流れる国」に向かっての旅がその代表的な考えだ。ちなみに、「出エジプト記」の時間の考えには次の二つの時間概念がある。

①絶えず目標に向かって前進する直線的な有限の時間概念
②人間がつくる歴史、歴史的人間中心主義という時間概念

古代中国人の時間的概念も古代ギリシャと類似している。孟子も司馬遷の『史記』も「盛衰」や「交替」の循環史観をもっている。異なるのは、中国の循環史観がヘレニズムの「永劫回帰」とは違って、天体の運動にはあまりかかわりなく、歴史的時間に限定されているということだ。儒教的な時間の考えは、「始めなく、終わりもない」無限の直線である。

仏教的時間の考えは、「輪廻転生」の思想や弥勒の出現という信仰から、「始めなく、終

わりのある」終末論的時間、そして歴史的時間としての末法思想というものがある。日本文化に圧倒的な影響を与えた外来の世界観は、始めもなく、終わりもない時間をもつ仏教的、儒教的なものである。ユダヤ・キリスト教的時間の概念が日本文化に広く浸透することは文化的にも政治的にも困難であった。

日本的な時間概念は、「天地初めて発せし時」の一句で始まる『古事記』「神代記」に見ることができるだろう。「始めなく、終わりのない」直線的な時間だ。一方、日常的時間概念、そして『平家物語』に見られる「諸行無常」の「無常観」は、「始めあり、終わりもある」。つまり、有限の非可逆的な流れである「人生の時間」ともいえる。

共産主義による赤禍が消えてもコミンテルン史観が残る

江戸開国を迫るのは、東（実は南）から来るアメリカのペリー提督率いる黒船だけではない。西風東漸、西力東来の西からも迫られた。いや、東西からだけではない。北のほうからもやって来た。ロシアの南下である。

大航海時代とほぼ同時代か、やや先に「タタールのくびき」から脱したロシアは、シベリアへ向かって東進、あっという間にアラスカまで渡った。そして、千島列島から島伝いで南下する。ロシアは西でオスマン・トルコと対峙する一方、清の康熙帝《こうきてい》[7]とはネルチンスク条約[8]を結ぶ。両国の国境が確定したのは一六八九年のことであった。

そのロシアがペリーの黒船来航に先んじる一七九二（寛政四）年、使節のラクスマンを根室に遣わせている。一八〇四（文化元）年にも、レザノフが長崎に来訪した。続いてロシア海軍のプチャーチン提督がペリーの浦賀来航に遅れること一カ月半後の一八五三（嘉永六）年七月、四隻の軍艦を率いて長崎に来航する。一度は拒まれたものの、プチャーチンは再び来日し、日米和親条約にならって日露和親条約の締結にこぎつけた。

ロシアの南下は、ネルチンスク条約によって一時阻止されたが、シベリア総督のムラビヨフは、アヘン戦争後の一八五八年、黒竜江で清国と愛琿《あいくん》条約[9]を締結する。さらに一八六〇年の北京条約で沿海州を獲得し、朝鮮と接した。そして、一九〇〇年の北清事変を機に全満州を占領するにいたる。しかし日清戦争後に清が朝鮮から手を引いたことで、ロシアは日本と戦うことになった。日露戦争である。

カール・マルクスが「モスクワが育ったのは、モンゴル奴隷制の卑しい学校であった」と指摘しているとおり、モンゴル人の申し子であるロシアは、まるでモンゴル人に見習うかのようにユーラシア大陸征服の夢を抱き、領土拡張を続けた。

ロシア革命後、中央アジアの植民地がソ連に編入される。今度はマルクス・レーニンの名において、世界救済を建前に膨張を続けたのである。これが「世界革命、人類解放」のイデオロギーの下地である。

征服地に対するロシア化政策は、中国の華化＝徳化と同じく、社会主義を推進する土壌にかなっているのだ。ロシア人の「一人のツアー、一つの言語、一つの宗教」と中国の「天下一国主義」とは同質的なものだといえよう。

いわゆるコミンテルン史観は、このロシア革命後に生まれた歴史観であるが、ヨーロッパの空想的社会主義から科学的社会主義の思想、ことにマルクス主義思想とスラブの風土からの歴史産物でもある。

これはモスクワの指導を受けた共産主義インターナショナル（コミンテルン）が、一九三二年のテーゼに則ったイデオロギーの史観、史論、史説、史評である。共産主義による世界革命を目指して、各国各地に組織を結成した前後の指導原理と史観でもある。

とはいえ、各国各民族の風土や国情が異なるのは当然だろう。たとえば、中国共産党は一九二一年にコミンテルンの指導下で結成された後、国民党と合作する。そのため二重党籍をもつ共産党員も珍しくなかった。

「土共」といわれる土着派とコミンテルン派との対立もあり、「弁証法的唯物論」と「唯物史観」が革命のイデオロギーとなる。中国はすでに一九三〇年代に「革命史観」が台頭していた。そして、建国後には唯物史観が革命史観のコアとなった。ことに史的唯物論の社会発展段階論を金科玉条とした国定史観となり、日本の天皇まで「奴隷社会の奴隷主」とまで決めつけている。台湾共産党も一九二八年、コミンテルンの指導下で日本共産党台湾民族支部として結成され、抗争を続けていく。しかし第二次大戦後、中国共産党に無残にも粛清された。

コミンテルン史観は資本主義を敵にしただけではなかった。植民地主義も敵にして、「帝国主義侵略戦争史観」に我執し、共産主義はすべて「善」、資本主義と植民地主義を「極悪非道」と決めつけた。

帝国主義に発展する「発展進歩」の歴史観に固執し、その影響を受けた言論人が反日日本人、自虐的日本人、進歩的文化人となった。その論法の特色は、もっぱら社会主義の理想や長所と資本主義の現実と短所を比較することにある。同調しない者に対して「反動的」か「ファシスト」と決めつけるのが常であった。

社会主義思想は一時、二〇世紀最大の思想の主流となり、一世を風靡した。第二次大戦後の日本も、左翼政党と文化人が総力を結集して「日本人民民主主義共和国」への革命を目指したが成功はしなかった。それでも不思議なことに、今日にいたるまで教育とマスメディアを牛耳り、日本を貶める世論形成に影響を与え続けている。

ソ連・東欧の社会主義体制の崩壊後、中国は文革を最後に資本主義以上の資本主義と言われる「権貴《けんき》資本主義」体制に移行した。ベトナムも「ドイモイ」なる開放政策で社会主義を実質的に放棄した。最後に残っているのは朝鮮半島北部の「金王朝」のみである。

そんな状況にもかかわらず、日本のコミンテルン史観のみが亡霊のごとく彷徨い、浮遊し続けているのだ。東京裁判史観とともに、戦後から今日に至るまで日本に多大な影響を与えた史観・史説であり、イデオロギーの一つでもある。

このコミンテルン史観は教育だけでなく、日常的なメンタリティからビヘイビアにいたるまでの倫理的規範になった。組合の闘争、学園紛争、沖縄基地反対運動、平和運動だけではない。さまざま市民運動にいたるまで、戦後日本人の人間形成に多大な影響を与えてきたのはまぎれもない事実である。

マルクス主義史観を軸とするコミンテルン史観は戦前のソ連から入ってきた。一方、東京裁判史観は戦後、アメリカから入ってきた史観・史説であり、日本の伝統的文化・精神・国家まで否定することが目的であった。

東京裁判史観が着実に浸透したのか、日本人は愛国心を口にすることさえタブー視し、国旗や国歌を軽んじるようになる。さらには明治以来の日本の国づくりまでも全否定するにいたった。そして、日本を「侵略国家」として断罪する自虐的日本人を大量に繁殖させる。あろうことか、「日本人に生まれて恥ずかしい」と公言する国会議員まで現れた。また、「地球人や宇宙人になりたい」という新人類も出現し、日本人としての誇りまで喪失してしまう結果となる。

ＧＨＱによる日本占領は、たった七年余りだった。彼らがもっとも恐れていたのは、開国維新後にもさらに増幅した日本人の潜在的エネルギーである。ＧＨＱとしては、勇気があり、しかも責任感の強い日本民族が再起することを絶対に避けたかった。それには、日本人の精神的な自己崩壊を促す教育政策がどうしても欠かせなかった。

それに呼応し便乗したのが、いわゆる「反日日本人」である。ことに教育界とメディアが中心となって、自己否定する人間育成に力を注ぐ。こうしてソ連、中国、北朝鮮を礼賛する一方で、日本を貶めることが戦後日本人の言行となったのである。

中国も北朝鮮も、すでに「地上の楽園」ではないことが周知の事実となったが、やはりマインド・コントロールは簡単に解けるものではない。第二次大戦後の日本人が直面している精神的な危機は、戦前のコミンテルン史観と戦後の東京裁判史観の合体によってもたらされた。戦前・戦中にソ連とアメリカが日本人に与えた「負の遺産」は想像以上に深刻である。

戦後日本人の歴史観をつくった東京裁判史観

戦後日本人の歴史観をずっと支配してきたものとして、「コミンテルン史観」と「東京裁判史観」の二つがよく取り上げられる。どちらも「自虐史観」とも言われるが、「新しい歴史教科書をつくる会」をはじめ、「反日史観」や「土下座教育」の是正を求める支持者は徐々に増えていると聞く。

もちろん、日教組を代表格とする反日日本人らは、「自虐史観」に異議申し立てをする人たちを「軍国主義や皇国史観の復活を目指す歴史修正主義者だ」と批判してやまない。また、「東京裁判史観」については、確かに「語義が曖昧だ」という考えもある。

東京裁判（極東国際軍事裁判）は、戦勝国アメリカを是とする連合国側が、敗戦国日本に対して一方的に行った戦犯（戦争犯罪人）を吊し上げる裁判であった。日米戦争を「日本の軍国主義者の共同謀議による侵略戦争」であると断罪した東京裁判の性格については、次のポイントがよく取り上げられる。

①敗戦国日本を「悪玉」、戦勝国連合国を「善玉」とする史観

②敗者の日本だけが戦争責任を背負わされた
③法的客観性と公平さの欠如
④敗者に一方的に押しつけた「反省」
⑤不問にされた戦勝国の一般市民に対する無差別爆撃や原爆投下などの戦争犯罪
⑥「日本軍国主義に対する勝利、正義と人道の勝利」のウソ

東京裁判は、結果的に日本および日本人が国際社会に生きていく上で、政治、外交、経済、文化的にも大きなハンディを背負わせた。さらに、東京裁判史観の定着によって、日本人の子孫たちまでが戦争責任や戦争犯罪の汚名を着せられ、悪玉視され、劣等感を助長することになる。ことに戦後の日本教育に与えた影響は大きく、日本人から愛国心まで奪ってしまい、「謝罪と反省」が行事化されるにいたる。

日本人は本来頭が良く、進取の精神に富んでいる。いざ闘いとなると勇猛果敢で、「特攻」も躊躇しない。そんな日本人だからこそ敵に回した場合、じつに恐ろしい存在となる。だからこそ日本を二度と立ち上がれないように、アメリカが占領期に行ったのが「反日教育」だった。GHQの対日占領政策の中で最大の工作は、いかにして日本文化、ことに日本精神を内部崩壊させるかである。それが最重要課題だった。

東京裁判の正当性やその史観などについての批判は少なくない。そのいくつかをここで取り上げてみよう。

①東京裁判は国際法上違法である。国家の「交戦権」は認められているので、それを全否定する東京裁判は、いわば「集団的軍律法廷」であり、決して司法機関ではなかった。だから国際法的には違法である。

②GHQ最高司令官だったダグラス・マッカーサー元帥は一九五一年、米議会で日本が戦争にいたるまでの経過を述べ、日本の行為を「正当防衛」だったと証言した。つまり東京裁判の最高責任者が、日本に対する断罪の正当性を否定したのである。

③サンフランシスコ講和条約締結後、同条約第一一条に東京裁判を受諾となっていても、それは判決を受諾することであって、条約で国家と国民の歴史観（思想）を拘束することなどありえない。ましてや東京裁判は国際法上も罪刑法定主義に違反したものとして、現在は無効である。

④いわゆるA級戦犯は「無実の罪の犠牲者」である。

⑤大東亜戦争は国際法理上、不法な「侵略」戦争ではなく、日本の自存自衛並びにアジア解放のための義戦である。

⑥ポツダム宣言は、日本に「有条件終戦」を提言したものだったので、正しくは「降伏文書」ではなく、「休戦協定」と称されるべきである。

⑦あの戦争は一方的な侵略ではないし、ありえない。双方に責任がある。

⑧もっとも強烈に注目されるのは、作家の林房雄[10]が一年一〇カ月にわたって「中央公論」に連載した「大東亜戦争肯定論」である。林は、大東亜戦争を「日米百年戦争」として捉え、日本だけではなく、大東亜を欧米帝国主義の毒牙から守るための自存自衛の解放戦争だと論じた。

昭和陸軍が生んだ最大の天才といわれた石原莞爾《いしわらかんじ》[11]は、東洋の王道文明と欧米の覇道文明が軍事対決した後に、戦争のない恒久平和が訪れると論じた「世界最終戦論」で知られる。その石原は戦後、東京逓信病院に入院中、米人検事の尋問を受け、次のように堂々と主張したことは銘記してよい。

▼検事が、日本の戦争責任を日清・日露戦争まで追及した。それに対して石原は、それなら戦争の遠因をペリー来航まで追及すべきだと主張した。なぜなら、ペリーは武力で日本の開国を迫り、三〇〇年近い平和を破ったからである。侵略主義、帝国主義までを言うなら、アメリカが元凶だから海軍提督ペリーを証人として喚問せよ、と。

▼「誰が第一級戦犯か」と検事が質問した。それに対して石原は、米大統領トルーマンだと答えた。なぜならトルーマンは国際法の規定に反して、非戦闘員であった一般市民をも空爆し、原爆投下など無差別大量虐殺を行っている。その罪がいちばん大きいから、トルーマン大統領を第一級戦犯の戦争犯罪人として告発すべきだと主張した。

一方的に戦争責任追及と断罪を行った東京裁判の史観・史説・史評は、戦後日本人の歴史教育と歴史意識の形成に多大な影響を与えたことは確かである。反日日本人が大量に繁殖している現実を見てもわかるだろう。今でもその呪縛が続いているのだ。

いくら「反省」と「贖罪」を繰り返しても、日本と中国、韓国、北朝鮮といった一部の近隣諸国との関係はますます悪化していく。近年は国土、国家安全まで脅かされている。本来平和を保つには戦い勝ちとらねばならない。単に平和を守りたいだけなら「奴隷の平和」という属国の道もある。他国の領海侵犯を繰り返し、核攻撃も辞さないと公言して憚らない近隣諸国の公義と平和愛好を信頼し続けるなら、そういう選択肢もあるだろう。

皇国史観でどこが悪い

第二次大戦後、歴史を勉強する人にとって、皇国史観はタブーになった。軍国主義の同義語とみなされたのである。禁句にまでされなくても、とにかく戦後日本人にとっては、「皇国」は歓迎されなくなった。

あろうことか「皇」も「国」も、その字面を見ただけで「反動的だ」と煙たがられ、批判されることが少なくない。「皇国史観」を否定しないだけでも「戦争賛美主義者」のレッテルを貼られ、「皇国史観の復活」と揶揄される。

皇国史観が「軍国主義の復活」「アジアを侵略した大東亜共栄圏」「危険な思想」といった「悪」のイメージを連想させるように仕向けられたのは、何も戦後教育やマスメディアの洗脳だけではない。民間の出版社が出す辞書の中でも洗脳が行われているのだ。

たとえば、角川書店の『日本史辞典』を見てみよう。同辞書では「皇国史観」を「大義名分論と国粋主義、排外主義により構成された歴史観」と定義、さらに「近代史においても専制支配と海外侵略を合理化・肯定する主張を行う」と、きわめて否定的に解説している。

平凡社の『世界大百科事典』は『古事記』『日本書紀』から汲み、「日本は神国であり、皇祖天照大神の神勅（天壌無窮の神勅）を奉じ、〈三種の神器〉を受け継いできた万世一系の天皇が統治してきたとする、天皇の神性とその統治の正当性、永遠性の主張」という古来の説を記す。しかし、戦後の支配的イデオロギーに基づいて、「この史観は大東亜共栄圏の建設の名の下に、国民を大規模な侵略戦争に駆り立てるうえで大きな役割を果たした」

と付け加えることも忘れない。

皇国史観は、すでに『神皇正統記』[12]に見られ、「国学」「水戸学」と相通じるものがあり、「政治道徳」の思想として、また「和心和魂」のヤマトイズムの一つとして、日本思想を代表する歴史観であることは間違いないだろう。

中国の思想は、王や帝の徳を論じることであり、民は生民、天民としての自然的存在で、国と民は別というより対立的な存在として描かれる。それゆえに「国富民貧」とか「剝民肥国」という四字熟語が国と民との関係を物語っているのだ。

しかし、「易姓《えきせい》革命」の国と違って「万世一系」の天皇は、無私としての超越的存在であるとともに、民を教化・感化する指導者ではなく、「蒼生安寧なり。是を以て宝祚《ほうそ》窮りなし。宝祚窮りなし。是を以て、国体尊厳なり。国体尊厳なり。是を以て、蛮夷《ばんい》・戎狄《じょうてき》率服《そっぷく》す」（藤田東湖『弘道館記述義』）と説く。

「蒼生」とは「国民」のことだ。つまり国民が安全で、しかも安心して暮らせることが天皇の願いである。決して孔子のように、「春秋の大義」を説くのではない。また新儒学の朱子学のように、華夷の分や華夷の別を唱えてもいない。

「八紘一宇」や「尊皇攘夷」まで侵略のイデオロギーとされるのは、やはり日本に限定した悪玉論であろう。ちなみに「八紘一宇」という思想は、じつは古代マケドニアのアレキサンダー大王の時代からあった。

孔子は「春秋史観」の中で「尊王攘夷」を唱えている。あの時代の「夷」とは、黄河文明に対抗する長江文明の強国である楚を指す。しかし、日本人が唱えた「八紘一宇」は、易姓革命の国の「家天下（天下は一族一姓のもの）」とは違う。すべてが家族という考えであり、決して排他的ではない。

皇国史観というのは、主に戦前・戦中の「天皇を中心」とする史観であり、歴史教育、歴史研究の主流となる史観を指す。それとは対極的なのが、戦後教育に見られる「自虐史観」と称されるものである。

そもそも「記紀」の流れを汲む日本の伝統史観がなぜいけないのか。

もし「神国日本」がダメなら、あるいは中国や韓国が言うように、日本が「悪魔の国」や「ならず者の国」であるなら日本の歴史をどのように語ればよいのか。天皇中心の万世一系の国がダメなら、易姓革命や大統領制の国体や政体ならよいのか。

だが、代表的な『史記』の史観と記述も皇帝中心なのである。中国では秦の始皇帝をはじめ、歴代皇帝はすべて「万世一系」に憧れていた。しかし「万世一系」を実現した皇帝は一人もいなかった。なぜなら、「国盗り」を正当化する強盗の論理なので、政権が終わると、必ず粛清が待っていたからである。

小中華で易姓革命の国でもある韓国の歴史も同じである。大統領制になった今の韓国を見てもわかるだろう。任期を終えた大統領は、必ずといってよいほど逮捕されたり、自殺に追い込まれたりしているではないか。朴正熙《ぼくせいき》のように、任期中に暗殺された大統領さえいた。そんな大中華、小中華を見ていると、やはり私も「万世一系」に憧れざるをえない。そういう国体は安定して平和を保つからである。

第二次大戦で敗戦を迎えるまで、日本は対外的には「大日本帝国」であり、憲法も「帝国憲法」と称された。しかし、日本人は対内的には自国を「皇国」を呼び、国民は「皇民」、国軍は「皇軍」と称されることが多かった。

ところで同一視されることも少なくない「帝国」と「皇国」であるが、どこが違うのだろうか。

確かに帝国だと「侵略」「領土拡大」といったマイナスイメージが強い。一方、皇国の場合、「皇帝」や「天皇」のニュアンスがあるため、決してイメージは悪くはない。ことに天皇は権威と権力が分割されるので、ローマ帝国の皇帝や元老院の執政官《コンスル》とも、ロシアのツァーリともオスマン・トルコのカリフとも違う。

中華人民共和国は一九九〇年代まで、日本軍国主義の復活に関する論議を続けてきた。中国は易姓革命の国であり、「馬上天下を取る」国である。だから軍国主義や全体主義が国家の原理にならざるをえない。軍国主義でなければ国家・王朝が成立しないのだ。

しかし、日本まで「軍国主義」と決めつけるのはどうしても無理がある。神代の昔からの日本史をひもとけば、どんなに探しても軍国主義と称される歴史は見当たらない。天皇中心の国は、その点が決定的に違うのである。日本は軍国主義とは無縁の国である。ことに皇国史観が戦前・戦中の正統史観であるなら軍国主義はありえないというのが私の考えである。

皇国史観が提唱され、流布され始めたのは一九三〇年代からであるとみなされる。第一次世界大戦という国際情勢のなか、「記紀」から始まる伝統主義が皇国史観として結実し、「国体論」として、ヤマトイズムの広がりと高揚の中で確立されていく。

戦後は一転して「危険思想」「反動」とみなされた。皇国史観を危険視する独自の政治的イデオロギーをもつ勢力からは、その復活を絶えず警戒されているが、日本の伝統主義、平和精神を守るきわめて主体性をもった歴史観だと言える。また、外来の史観に比べても決して排他的ではなく、じつに寛容な歴史観である。そのような皇国史観を無理やり「侵略戦争の元凶」と決めつける反日日本人の言動には首をかしげざるをえない。

中華史観の呪詛を解け

戦後日本人の史観・史説に大きな影響を与えただけでなく、さらにずっと呪い続けているのは、コミンテルン史観と東京裁判史観とよく言われる。しかし、その呪いは徐々に消えつつあり、過去のものになろうとしている。

実際、コミンテルン史観と東京裁判史観以上に日本人を縛り続けているのが中国と韓国が押し付けようとする中華史観だ。意識するしないにかかわらず、学者や文化人だけでなく、たいていの日本人は無意識のうちに中華史観に緊縛されているのではないだろうか。

では、中華史観とはどういう史観なのか。それは中華の国々がもつ歴史観であるが、少なくとも次のような特色がある。

1　**すべてが政治**――歴史だけでなく、文化、芸術、スポーツ、さらに人間の一挙手一投足すべてを政治、ことに歴史解釈を政治に利用する。

2　**勝者が歴史を創作**――勝つ者は敗者のすべてを手に入れる。歴史を創作するだけでなく、歴史の解釈権まで握る。一方の敗者はでっち上げられた歴史を唯々諾々と学ぶのみ。

3　独善的な史観の押し付け——全体主義的な史観に基づき、独断的にして独善的な歴史観を他者にも執拗に押し付ける。

近代の社会科学や自然科学のように、地理、歴史、化学、物理などの諸学を分類するのとは違って、中国古代からの諸学の分類法は、経（四書五経）、史（諸史）、子（諸子百家）、集（詩詞など）の四分法である。史観・史説のモデルや価値基準については主に次の三つが挙げられる。

1　『史記』——司馬遷が編纂した漢までの通史で、皇帝中心史観の草分けである。『漢書』以降の官定正史は王朝一代記のみだ。断代史《だんだいし》とも称され二十四史がある。

2　『春秋』——孔子《こうし》の編とされているが、「正史」とは違って年代ごとに記述する、いわゆる編年史の嚆矢である。「尊王攘夷」と「大義名分」のモデルとなる。

3　『資治通鑑《しじつがん》』——北宋の司馬光[13]の編で、孔子の『春秋』以降の編年史である。その続きには『続資治通鑑』と『明通鑑《みんつがん》』がある。中華思想の魂として正統主義史観を確立した。唐の劉知幾《りゅうちき》[14]の『史通』が南北王朝とも正統王朝と認めたのとは違って、「天に二日なく、地に二王なし」とし、南朝こそ正統と主張した。

易姓革命の国、中国の歴代王朝にとっては「正統」王朝として認知されることが最大の関心事である。また、「正史」の編集については、易姓革命の正当性や大義名分以外に、「歴史を鑑」にして前王朝の成敗を学ぶのも目的の一つであった。

中国の「諸子百家」の学については、「百家争鳴、百花斉放」として中華思想の黄金時代と賞賛されることが多い。しかし、中国の「諸子百家」の学というのは思想史からすると、ほとんどが「目的方法論」の域を出ない。

現代的用語でいえば、「ハウツウ」論や「ノウハウ」の話でしかない。空海は「十住心論」の中で、人間の精神発達史を一〇段階に分け、孔子、孟子の儒家思想は第二住心、老荘思想は第三住心と、動物、野蛮人よりやや上ぐらいのレベルとみた。

仏教が中国に伝来したのは漢末とされ、約七〇〇年後の宋の時代から「認識論」として理・気の学が流行り、それを集大成したのがいわゆる新儒教の「朱子学」である。ただ、真実を言えば、仏教哲学の用語を盗んで儒学を再注釈したにすぎない。

朱子は中華思想を学問的に補強し、華夷の別を主張した。この朱子学に対抗して、夷狄の虐殺を「天誅」「天殺」と正当化したのが明の陽明学である。朱子学と陽明学は中華思想を理論的に強化し、正統主義を学問的に支えた。

韓国・北朝鮮も易姓革命の国である。ことに李朝時代に入って、易姓革命の正当性と事大の必要性から明に国名を下賜されただけでなく、国王まで明の認可が必要だった。こうして「尊儒斥仏」を徹底的に断行し、中華思想がベースとなった中華史観を受容した。

中華史観は『春秋』と『資治通鑑』の流れから見て、儒教思想がベースになっている。孔子も朱子も、華夷の分、華夷の別という文明人としての意識が断然強い。中原・中華・中国意識も格別に強く、自己中心的・自国中心的な独尊意識はそこに由来する。つまり近代ナショナリズムとは異なる。華夷意識がこの華夷の分別から来る文明人としての夷狄を野蛮視するのである。

しかし、いくら夷狄を差別し蔑視しても、約二〇〇〇年前に北方に人工的な長城を築き、中部に長江という自然の要塞があっても、五胡をはじめ、夷狄の侵入を阻むことができなかった。夷狄が多くの王朝をつくり、中華の天下に君臨した歴史なのである。

モンゴル人や満州人のように、中国だけでなく東亜世界まで征服した時代もあった。そこで夷狄による中華の征服をどう語るかが史観・史説の一大課題となる。「亡国か、滅種か」という史説から世論にいたるまで、二〇世紀初頭に維新派と革命派の論争が続いていた。

宋の時代に『資治通鑑』をはじめ、新儒学も「華夷の分別」と「正統主義」を確立したものの、史実としては、夷狄も天子として中華世界に君臨していた。たとえば、雍正《ようせい》皇帝[15]は『大義覚迷録《たいぎかくめいろく》』まで著して「道統論」を説いている。「徳さえあれば中華の君主として君臨する正当性をもち、それこそ正統である」と中国統治の正当性を説いたのだ。

中華世界のユートピアは「泰平世」であっても、史実としては、『三国志演義』の冒頭のセリフのように、「天下久しく分すれば必ず合し、久しく合すれば必ず分する」から物語を語り始める。「天下は一治一乱」「分合」の循環史観は中華史観の中に潜んでいる。「天下一国主義」「大一統」という理想がある一方で、「一治一乱」という諦観もある。

歴史はつくるものだ。政治的色彩が強い創作だから『三国志演義』のようなフィクションのほうが面白い。毛沢東も『三国志演義』を繰り返し読んで「権謀術数」を磨いている。中国人は『三国志』のような歴史よりも、『演義』のようなフィクションが大好きで、小中華は大中華以上にファンタジーが好きである。

先人の歴史を「反省」「謝罪」するのは現代人の傲慢

一九八〇年代後半に入ってから、中国はしきりに日本に対して、いわゆる「正しい歴史認識」を押し付けてきた。韓国も中国の尻馬に乗って「正しい歴史認識」をパクって日本に押し付ける。それは「歴史問題」とか「歴史カード」とよく言われる日中韓の「歴史問題」であり、政治問題でもある。実際、日本は繰り返し「反省と謝罪」を行い、行事化、明文化までしている。いわゆる「終戦五〇周年国会謝罪決議[16]」の愚挙まで行った。

そもそも「歴史」について正しいか正しくないか、ことに中華史観に基づく史観も史説も「政治」であって歴史ではない。もちろん、「反省も謝罪も」政治であって、歴史と「反省と謝罪」とは本来関係がない。

日中韓をはじめ、いわゆる「過去の歴史」、あるいは「過去の一時期」云々の問題は、すでに一九五〇年代のサンフランシスコ講和条約の締結で解決済みだった。もし、それが不満なら、日中、日華、日韓の間に二国間の条約もあっただろう。

不満を抱くのは、むしろ日本のほうが多い。近現代史の歩みを振り返ってみると、日本は開国維新以来、約八〇年近くにわたって先人たちが血と涙と汗で営々と築いてきたハードウェアのほとんどを失ったのである。だから人類史から見れば戦勝国よりもっと不満無念が多いはずだ。

「反省や謝罪」をするほうもされるほうも、その気があってこそ成立するものではないだろうか。ましてや中韓はほとんどが「金」が絡む話ばかりである。しかも相手は「永久の謝罪」を口にしているのだ。

国家や民族、あるいは文化や宗教が違えば、史観だけでなく史説まで違う。ごく当たり前のことである。中国も韓国も例外ではない。日本人とは歴史意識も歴史認識も違う。しかし、韓国と同じように日本とともに戦い、歴史を歩んできた台湾はまったく異なる。台湾人は日本人とともに敗戦国の悲哀を味わったのである。

「米軍は原爆二つを広島と長崎に投下しただけだが、台湾には蔣介石を落とした」と台湾人はむしろ日本を羨ましがり、「日本が悪いことをしたとは思っていない。強いていえば、もっとも悪かったのは日本が戦争に負けたことだ」と言うのが、私と同世代か、もしくは上の世代の台湾人が抱く戦争観である。

台湾人が理解に苦しんだのは、韓国人の「君子豹変」ぶりだ。戦争中は韓国人志願兵が殺到し、「特攻隊員」として出征する栄誉まで受けた韓国人だった。ところが、戦争が終わった途端、あたかも戦勝国民気取りで日本人に接したのだ。手のひらを返すとはまさにこのことだろう。

戦後五〇年を迎えたとき、日本の国会は「謝罪決議」を強行採決した。これを愚挙とみなすのは私だけではあるまい。採決に賛成した議員たちの手が汚いだけでなく、あらゆる面で「害毒」も「禍根」も数え切れないほど残したといえる。この「終戦五〇年国会謝罪決議」を日本の政党と国会議員の犯罪を悪行の総括として、また歴史の記憶と教訓として、次の数行を「歴史の鑑」として後世に残したい。

1 **「強行採決」は騙し討ち**――異議・反対者のいない間に強行採決を行ったのは「目的達成のためには手段を選ばない」というイメージを国民に植え付け、政治家への不信を煽った。すでに鬼籍に入った人もいるが、生き残っている政治家は「してやったり」と高笑いできるだろうか。

2 **憲法違反行為の決議**――強行採決の決議内容自体が、思想の多様性を否定するものだった。明らかに憲法違反である。与党三党の合意も、全体主義思想に基づいた合意であり、憲法違反行為にもなろう。強行採決は、内発的「反省」を外的強制によって行わせる行為に当たるものだ。真の「反省」にならないどころか、日本国憲法で保障される良心の自由(十九条)、信教の自由(二十条)、表現の自由(二十一条)をも侵害した違憲行為である。

3 **呪い続ける全体主義の幽霊**――近代民主主義の社会は、まず思想表現の自由が保障されるべきであろう。これは自由民主主義の常識であり良識でもある。ものの見方、考え方の自由がなければ、今日の日本の存在、少なくとも今後の繁栄を保つことはできない。しかし、「史観」までが国家によって管理統一され、国会で強行採決されたことは、近代民主主義の精神のみならず、憲法が保障している基本精神にも違反したことになろう。こんな強行採決の背後には、全体主義の思想と精神構造があり、その呪いでもある。

そもそも一つの思想、一つの歴史観を全会一致でまとめること自体が自由主義に反する。ましてや、国会で強行採決までするのは、明らかに国民に対する露骨な思想強制に他ならない。結果的には、それで満足できる国は一つもないどころか、逆に顰蹙を買って逆効果になった。その後の外国の反応を見ても一目瞭然であろう。

4 「反省」についての誤解と冒瀆──数による「反省」は、真の反省にならないどころか、政治による心の腐蝕であり、日本人の伝統的な「心」のあり方を傷つけ、世間的にも世界的にも、日本人観を傷つけることになろう。

5 政党と国会議員の傲慢と尊大──いわゆる戦争被害国に対する「謝罪」には、戦後日本人のさまざまな努力をすべて否定するだけでなく、優越意識と道徳意識の自己顕示がある。それを「傲慢」という。戦後日本は国際法に基づいて、サンフランシスコ講和条約をはじめ、さまざまな法的な取り決めを締結してきた。しかし、そういった「法的」な努力や国際的な取り決めよりも、国会決議が優先するという。
一国の「国会決議」が「国際法」に優先する考えこそ「尊大」であり、日本の政党と国会議員がいかに不見識かを物語っている。率直に言って、日本は国家として国際法上、「謝罪すべき」国際違法行為を抱えているのだろうか。もし、そうでないなら「謝罪決議」は必要ない。逆に「謝罪決議」をするなら、国際違法行為の存在を前提にして行われたことになろう。

6

傲慢と尊大きわまりない愚行——先人に代わって「反省と謝罪」をする行為は、現代人の優越意識の表れであり、表現でもある。国会の主要任務は政治行為であって、政治が思想・歴史観を決めることは、きわめて危険な全体主義思想である。

かつての右翼的全体主義としてのファシズムも、左翼的全体主義としてのコミュニズムも、すでに歴史として残されているのみだ。戦後五〇年の国会での謝罪決議のみが金科玉条なのだろうか。汚い手で決議に賛成した国会議員たちはその後、反日勢力と結託して新しい国会決議どころか、戦後七〇年を迎えた首相の新しい談話にも「注文」をつける。この尊大な優越感は一体何なのだろうか。

「反省と謝罪」の「戦後五〇年国会決議」は、いかに大きな禍根を残し、逆効果になったことであろうか。案の定、中国・韓国は国会決議の後、独善的な「正しい歴史認識」の押し付けを強化し始めた。それが現実なのだ。「正しい歴史認識」が、いかなる内容のものであろうと、日本はきっぱりと拒否すべきである。もし拒否しないのなら、日本の国是まで否定する「犯罪行為」とみなすべきだ。

中韓とのサドとマゾの共演はもう終わらせるにしくはない

終戦後、「一億総懺悔」から始まった「サドとマゾの共演」は、もう七〇年を迎えてしまった。「水戸黄門」や「忠臣蔵」のような伝統的時代劇は例外として、中国・韓国をサド役、日本をマゾ役とする演劇は、いい加減もう閉幕を迎えていいのではないか。

そもそも日本人には、昔からマゾ的な性格をもつ人が少なくなかった。江戸時代の朱子学者の言説が代表的な例である。決して戦後からマゾが急に増えたわけではないのだ。戦後になって、マゾがわんさと出てきたのには、さまざまな理由があるだろう。もちろん、敗戦のショックもあれば、革命に燃える夢もあり、教育やメディアの影響もある。いわゆる「自虐史観」の流行もあった。

そんな日本人と真逆だったのが中国人と韓国人である。彼らはもともとサド的な性格をもっていた。それは中華思想という優越感からくるものだろう。サドの中国人・韓国人はマゾの日本人にとって、まさにもってこいのコンビでもある。

かつて中国は「南京大虐殺」というヒット作を出し、アンコールの声も絶えなかった。

しかし、日時が経つとそれもまばらとなり客足も遠のいていく。いくら映画を量産し、学校の歴史教育に利用しても無理矢理見せられるほうとしては、いい加減うんざりする。

世界各地に「孔子学院」なる中国語学校（実際はスパイ機関）を開設し、外国人生徒にも中国共産党の宣伝映画を鑑賞させているが、それほど人気はない。やはりネット世代のメンタリティと嗜好が変わったのであろう。

韓国も中国の「南京大虐殺」に負けじ、と二匹目のドジョウを狙った。そして「従軍慰安婦」をでっち上げて売り出した。韓国政府が音頭を取って外国にまで「輸出」したのだが、日本でそれに唱和したのは吉田某と河野洋平ぐらいで、「韓流」ドラマやK‐POPほど人気が出なかった。

確かに、かつて日中韓の間で人気があった「サドとマゾの歴史劇」は時間とともに翳りがみられ、ことに二一世紀に入ると衰退著しく、今後も凋落の一途をたどると思われる。私も半世紀以上にわたって、その歴史劇をずっと鑑賞してきた。では、その凋落の理由は何なのか。以下に私の原因分析を記す。

①中国は日本軍の「蛮行」として「南京大虐殺」をはじめ、「三光作戦」「万人坑[17]」「七三一部隊」を華々しく売り出した。しかし、じつは失敗作も少なくない。国民党が創作し

た「黄河決壊[18]」もその一つである。詳しくは次章で述べるが、残念ながら一週間も経たないうちに「自作自演」であることが発覚し、すぐに消え去った。「長沙大火[19]」も「田中上奏文[20]」も、中国側のでっち上げだった。一方、韓国は日本と戦争しなかったので、植民地支配として「日帝の七奪」「強制連行」「従軍慰安婦」などの「作品」を生み出し、中国以上に踏んばって「反省と謝罪」の行事化、明文化までしたものの、これといったヒット作が出ない。中韓とも荒唐無稽な創作が多すぎるあまり、愛好者は一部のマゾ的、あるいは猟奇的ファンかマニアに限られる。

②栄枯盛衰は自然の摂理であり、有為転変は世の常でもある。平家にかぎらず、毛沢東思想も賞味期限がある。どんなヒット作でも長続きはしない。日本で爆発的人気を呼んだ「韓流」も、あっと言う間に「寒流」になってしまった。それは誰のせいでもない。世の常か定めだろう。祖父の代のヒット作を「過去を語らないかぎり、未来は語れない」とか「歴史を鑑にする」（「前事不忘・後事之師」云々）と強いたところで、孫の代まで生き延びさせるのは所詮無理である。それは歴史の掟でもある。

③戦後、左翼政党や進歩的文化人が総力を結集して、「日本民主主義人民共和国」樹立の革命に失敗し、「教育」「メディア」を牛耳り、マゾの日本人を大量に育成しても、理想としたソ連・東欧も総崩れしてはリアリティをもてない。東方の「地上の楽園」も消え

てしまっている。マゾ的反日日本人が激減していけば、「サド・マゾ」の共演者やファンも激減していくのも、ごく自然の定めだ。

④孫と祖父に同様な価値意識を求めるのは無理である。ひと言で言えば、時代が違うからだ。人生観や世界観はもちろん、歴史観も違うのは当たり前である。だから鈴木大拙師は、その著『日本的霊性』[21]の中で、日本の霊性（宗教意識）の生成について、「天はわれわれから遠すぎる。浄土系仏教と禅宗が母なる大地に根をおろしてから確実に生まれた」と説いた。祖父の代の「天人合一」は、孫では理解できない。しかし、「地人合一」なら別の理解力をもつ。今のネット世代は新聞やテレビに育てられた祖父の代とは違う。情報や知識は、ほとんどネットからえるので、ネトウヨと呼ばれる者たちが主流となり、マゾが多い父祖の代とは精神も行動も違う。「サドとマゾ」の歴史劇のファンがほとんどいなくなったのは、時代と世代が違うからである。

⑤安倍政権になってから、中国からも韓国からも日本が「右傾化」したと批判される。しかし、それは中韓の論調に日本が迎合しないからにほかならない。ただそれだけのことである。ネトウヨがベースとなり、徐々に社会のシルエットも変わってきた。こうした時代の変化は日本にかぎらない。東アジアでも起きている。中近東で連鎖したジャスミン革命も「右傾化」ではなく、「本土化」と言ったほうが適切だろう。それが世界的現

象でもある。
⑥韓国の反日教育は、戦後の李承晩政権からスタートした国是国策である。もう七〇年になろうとしている。中国の反日教育は一九九〇年代の江沢民時代に入ってからなので、まだ三〇年にも達していない。中韓とも世俗的な民族で、「歴史」よりもフィクションやファンタジーのほうを好む。だから、「歴史」を反日のテコにするのは国民性としては効果が限定的である。

そもそも「歴史」という近代的な意味の用語は日本で生まれた、和製漢語である。この事実からもわかるように、日本人は「史実」に忠実な民族だと断言してもよい。そんな日本人に中韓が「正しい歴史認識」を押し付ければどうなるのか。日本人は、ますます歴史の真相究明を深めていくしかない。その結果、中韓の歴史捏造が天下に明らかにされるだろう。

むろん、中韓は日本に「歴史カード」が切れなくなる。共同の歴史教科書をつくる条件もなくなってしまう。だから、むしろ終戦七〇年を節目に、中韓による日本への歴史戦を熱烈に歓迎すべきだ。逆に中韓にお礼をしたほうがいい。そう私は本気で思っている。

歴史カードの効果がますます弱くなると、新しいカードとして領土問題やさらに新しい反日のお題目を唱えざるをえなくなるだろう。いずれにしても、中韓両国は反日をしないと生き残れない哀れな国だから、思いやりあふれる国日本は、中韓の生存権を庇護するために「反日大歓迎」を勧めるべきだろう。これは決してパラドックスではない。思いやりの心から出てくる真誠とでも言っておこうか。

日本近現代史の「如是我聞」「如是我観」

戦後、日本は一時いわゆるコミンテルン史観や東京裁判史観に、日本の政治や教育、市民にいたるまで染まった。やがて中華史観が、ことに一九八〇年代以降の主流になり、日本の政治をはじめ、日本人の心や行動まで支配するようになる。

それは決して村山談話の話だけではなかった。民主党の新代表となった岡田克也氏は国会質問で、戦後七〇年の節目として安倍総理の新しい談話の中に「侵略」を入れないとダメだと憂慮を表明する始末である。私から見れば「病気」としか言いようがない。

戦後の諸史観は一括して「自虐史観」とも呼ばれるが、世界史については、日本は開国維新以来、「西洋中心史観」だったと言えるだろう。では、日本史を世界史の中心、あるいは中華中心史観ならよいのか。

世界史を大モンゴル帝国から始めるという主張も少なくない。しかし、世界史については、すでにローマ帝国時代から説いている。たとえば、ポリュビオス[22]は世界史の父と呼ばれる。確かに、ローマ帝国の時代は地中海世界に極限されたが、それでも三大陸にまたがる広大な世界だった。大航海時代には、四大陸からさらに七つの海へと広がっていく。

啓蒙主義の一八世紀から「進歩史観」を大ロマン主義の思潮をベースに、「歴史主義」と史料批判に基づく「科学的歴史学」で戦後日本国民の史観と史説をずっと支配してきたのが外力の米ソ（露）に中韓を加えた四カ国である。そして、この外力に呼応、しかも虎の威を借りた日本人がいる。自虐史観を強制し、人々を洗脳する反日日本人だ。戦前の日本では、「歴史論争」があっても、いわゆる「歴史問題」はなかった。それは戦後問題としての「歴史問題」である。以下は私の歴史問題についての見方である。

①中華人民共和国も大韓民国も、第二次大戦後に生まれた新生国家である。五千年史、半万年史を云々するのは、対内、対外を問わず、また文化的に国際法的にも区分けする必要がある。

②今の中国人も韓国人も、民族史と国家史を区別することができない。自己主張と自画自賛するばかりである。

③歴史観だけでなく史説の相違というのは、日本や台湾だけでなく中国・韓国をはじめ、

いかなる国にも存在する。もちろん全体主義国は別としてもだ。やたらに独善的な史観と史説を無理やり押し付けることは対内、対外を問わず犯罪であり、不和のタネとなる。

④ことに歴史問題について、中国はモンゴル人の大元や満州人の大清が征服した版図を固有の領土と主張している。イタリア人やモンゴル人、トルコ人、ロシア人、さらにギリシャ人まで同様な主張をし始めたら一体世界はどうなるのか。

⑤近現代史の中で、日清、日露、日中、日米の戦争があっても、日本は被害者という見方もある。国際連盟で松岡洋右が「むしろ日本が被害者」という発言もその一例だ。日中戦争について、日本の謝罪とは逆に、毛沢東は「日本に感謝する」と述べ、佐々木更三（社会党元党首）らを糾した史例もある。戦争とは、きわめて複合的因果から生まれるものであり、一方的に断罪すべきではない。

⑥全体主義を肯定しないかぎり、私が「歴史からの自由」と「歴史への自由」という自由主義の史観と史説を尊重することは、自主自律した他人の意思を尊重し、人権や人間の尊厳を尊重することにもつながる。いかなる「正しい歴史認識」も対内的にも対外的にも押し付けるべきではない。それが私の主義である。

⑦私は東洋史への理解から、中国・韓国のいわゆる「正しい歴史認識」は、すべて創作とみなした。それは自国史の投影からのフィクションとファンタジーの産物だと論断する。

⑧いわゆる「正しい歴史認識」については、すべて「正しくない」と認識して逆に読めば、すべて正しい。そんな「逆観法」と「逆聴法」を私がずっと勧めてきたのは、決してアンチテーゼでもなければパラドックスでもない。私の幼い頃からの読史の心得に過ぎない。中国や韓国で教えられるとおりに答えれば試験で良い点数が取れる。また、「愛国者」になぶり殺されることも逮捕されることもなかろう。しかし、「逆観法」と「逆聴法」は奴隷になりたくない人だけに勧めたい「歴史の真実を知る」秘訣でもある。

もちろん、中国や韓国からだけでなく、学校で日教組からそう教えられたのなら、この「逆観法」と「逆聴法」で歴史を学んでもらいたい。それは決して私の独創的な読史法でもなければユニークな歴史認識でもない。すでに先人の徳富蘇峰[23]には先見の明があった。中国の古典について逆読を勧めていたのである。私はただ先人の教えを忠実に伝えるのみである。

⑨戦後の史観と史説、ことに米中韓の主張を鵜呑みにする必要なぞまったくない。かつての連合国軍総司令官のマッカーサー元帥は、朝鮮戦争の戦略をめぐりワシントンと対立し、トルーマン大統領に解任された。帰国したマッカーサーは一九五一年五月、米上院外交軍事合同委員会の公聴会で注目すべき証言を行う。東京裁判当時に表明した「日本侵略観」とは打って変わって、日米戦争にいたるまでの日本の軍事行動について、「大部

分が安全保障の必要に迫られてのことだ」と日本の自衛戦争だったと証言したのである。

私の世代や日本語族と言われる台湾人は、大東亜戦争については「いちばん悪かったことは戦争に負けたことだ」という歴史意識が常識であることは先に述べた。米露中韓とは、まったく逆で、すべての史観や史説を中韓の価値基準に合わせることはない。

⑩近現代史の中で、歴史の真実を知るならば、「人類史への日本の貢献は未曾有」というひと言に尽きる。もっと日本の歴史貢献を語るべきだ。

1 **デモクリトス**　古代ギリシャの哲学者。ＢＣ四六〇頃～三七〇頃。現代につうじる原子論を唱えた。

2 **五服**　王の治める土地は中心から外側に向かって五つの等級（服）があるという考え方。甸（てん）服-侯服-綏（すい）服-要服-荒服の五つで、綏服までが中央とされる。

3 **山崎闇斎**　儒学者。一六一八～一六八二。闇斎の門下生（崎門）は六〇〇〇人といわれる。

4 **浅見絅斎**　儒学者。闇斎の高弟。一六五二～一七一一。

5 **佐藤直方**　儒学者。闇斎の高弟。一六五〇～一七一九。

6 **山鹿素行**　儒学者。一六二二～一六八五。朱子学批判を幕府に咎められ、赤穂浅野家に預けられた。大石内蔵助は門下生にあたる。

7 **康熙帝**　清朝第四代皇帝。在位一六六一～一七二二。学術を振興し、『康熙字典』を編集させた。

8 **ネルチンスク条約**　清が西洋と結んだ最初の国境条約。

9 **愛琿条約**　ネルチンスク条約を無視したロシアが、太平天国の乱で苦しむ清につけこんで領土拡張をのませた条約。
10 **林房雄**　作家。一九〇三〜一九七五。プロレタリア文学作家として出発し、保守に転向。三島由紀夫との交流で知られる。
11 **石原莞爾**　陸軍軍人。一八八九〜一九四九。軍事思想家として知られる。東條英機と対立していた。
12 **神皇正統記**　北畠親房（一二九三〜一三五四）による歴史書。南朝の皇統が正統であることを述べて、後村上天皇に献じた。
13 **司馬光**　北宋の政治家、学者。一〇一九〜一〇八六。
14 **劉知幾**　唐代の歴史家。六六一〜七二一。
15 **雍正**　清朝第五代皇帝。在位一七二二〜一七三五。
16 **終戦五〇周年国会謝罪決議**　一九九五年六月、村山内閣のとき可決された国家決議。
17 **万人坑**　日本軍が主に満洲で大量虐殺した犠牲者を埋めたとされる場所。
18 **黄河決壊事件**　一九三八年六月、国民党軍が日本軍の進撃を止めるため、黄河の堤防を破壊した事件。一〇〇万人の犠牲者がでた。当初、中国側は日本軍の仕業だと宣伝していた。
19 **長沙大火**　一九三八年一一月、国民党軍が放火し、人口五〇万人の長沙はほぼ焼失した。共産党の周恩来などの幹部が滞在していたので暗殺を謀ったとの説もある。
20 **田中上奏文**　一九二七年、田中義一首相が天皇に極秘に行ったとされる上奏文。中国侵略の意図などが書かれているが、偽書とみられている。
21 **日本的霊性**　一九四四年出版。日本人の精神の根底には、霊性（宗教意識）があると説いた。
22 **ポリュビオス**　古代ギリシャの歴史家。ＢＣ二〇〇〜一一八。
23 **徳富蘇峰**　ジャーナリスト。一八六三〜一九五七。「国民新聞」を創刊し、明治から昭和にかけてオピニオンリーダーとして活躍。

第二章

世界史と比べればよくわかる歴史

列強時代がつくった世界観

大航海時代以降、海だけでなく陸にも大きな変化があった。力関係からみると、その変化はより顕著である。中世に生まれたイスラムのサラセン帝国は中近東（中洋）からアフリカ大陸の北部、そしてイベリア半島まで入り、オスマン・トルコや大モンゴル帝国と同じく中欧のウィーンにまで侵入した。

ヨーロッパのキリスト教世界はオスマン・トルコの黄金時代までイスラム化の危機を回避した。七一一年にムスリム勢力のウマイヤ朝がイベリア半島へ侵入したが、キリスト教国によるレコンキスタ（再征服活動）が起きた。その後、ポルトガル、スペインは地球を二分する。それに続いたのがスペインから独立後に海に出たオランダである。

南洋の海は、古代ではマレー・ポリネシア人が支配していた。そしてイスラム商人の海になり、大モンゴル帝国の時代にはユーラシア大陸を睥睨《へいげい》したものの、海への進出は成功しなかった。倭寇の時代も南洋の海に止まった。

インド洋上にあるスリランカ（セイロン）は、同海域に進出した勢力の栄枯盛衰をもっとも象徴する島だった。ポルトガル、オランダ、その後はイギリスにそれぞれ一五〇〇年の植民地支配を受けることになる。

アメリカはイギリスから独立後、西進を続けた。そして、太平洋をわたったペリー提督の黒船が日本に開国を迫る。さらにアメリカはスペインとの戦争（米西戦争）に勝利し、フィリピンを手に入れた。

ナポレオン戦争後の普仏戦争ではプロシアがフランスに勝った。そして、ドイツの統一に続いてイタリアも統一する。開国維新後の日本は、日清戦争に勝利した。北清事変で「八カ国連合軍」の北京入城は列強の揃い踏みであった。

では、列強の時代とは一体どういう時代で、日本はどう生き残ったのであろうか。それは近現代史を知るために欠かせない歴史認識の基本でもあるので、いくつかのポイントのみを取り上げたい。

①列強の時代と同時に、地球的規模としては植民地化の時代でもあった。新大陸はアメリカの独立前に、すでにポルトガル、スペイン、オランダ、そして英仏による植民地争奪の地となっていた。すでに一九世紀までにアフリカの分割も終了する。清も列強の勢力範囲が決められていた。一方、出遅れたアメリカは「門戸開放、機会均等」を唱えざるをえなかった。

②万国対峙、弱肉強食と言われるほど生存競争の激しい時代だから、タスマニア人[1]のように、地球上から消えゆく民族もあった。植民地に転落したのはまだマシなほうだろう。こういう時代だからこそ、いかなる民族も国家も強大になるために必死である。オーストリー・ハンガリー帝国やチェコ・スロバキアといった同君合邦国家が流行ったのも、自然の流れだった。英仏をはじめ、諸民族を糾合し、諸国を合邦するなど競って強大国になろうとした時代だったのである。

③強国だけでなく、植民地を一つかそれ以上をもつことは国家国民としての進取の精神であり、国家としてのステータスであった。だから、デンマークやベルギーのような小国でさえ植民地をもっていたのである。

④列強時代は陸から海への時代である。近世から近代にいたるまで、ロシア帝国、オスマン・トルコ帝国、清帝国、ムガール帝国などが「陸の覇者」だった。だがムガール帝国はいち早くイギリスの植民地に転落。ロシア帝国は一時、列強に伍したものの、日露戦争後のロシア革命で帝政が崩壊する。トルコも清も二〇世紀に入ってから国内革命で世界帝国が崩れ去り、国民国家の時代を迎えた。

⑤科学技術から生まれた西洋の物質文明だけでなく精神文化、つまり西洋のソフトウェアとしての近代西欧文化・文明の価値体系が拡散した時代でもある。具体的に言えば、合

理主義と個人主義、政治の民主化・自由化、資本主義、国民主義、ナショナリズムなどが湧き起こった。それはただ国際力学だけでなく、文化・文明でも西洋が優位に立った時代と言ってもよい。

大航海時代後、海を支配することは徐々に陸での支配力を上回るようになった。経済だけを見てもわかるが、物量だけでも船は陸のラクダの数百倍の輸送力をもっていた。文化・文明だけでなく、国民国家という「国の形」だけを見ても、絶対的君主以上に国民兵の強さは傭兵をはるかに上回ることはナポレオン戦争を通じて知られるようになる。

一九世紀まで長い鎖国を続けていたのは日本だけではなかった。西風東漸、西力東来後のウエスト・インパクト（西洋の衝撃）で日本も開国維新をせざるをえなかった。少なくとも、列強の時代に日本が直面する危機は、江戸鎖国までの伴天連（カトリックの宣教師）だけではなかった。

開国維新後の「白禍」対「黄禍」、ロシアの南下の脅威の後には「赤禍の防遏《ぼうあつ》」も最大の課題となる。明治国家以降、大アジア主義でいくのか、それとも「アジアの悪友どもとの交遊謝絶して脱亜入欧」（福沢諭吉）するのかという日本の進路、国家目標をめぐっての論争もあった。

プロシアの鉄血宰相ビスマルクのアドバイスもあって、日本は「万国公法」の遵守だけでなく国際力学にも目を向ける。こうして富国強兵の道を選び、列強にも伍した日本は列強の時代に生き残った。だが日本の強みは時代への対応力だけではなかった。

維新後の日本は「鹿鳴館時代」と言われるように、確かに西風一辺倒の時代があったことは否定できない。しかし、日本の強みは伝統的なヤマトイズムの強靭さである。洋風（欧風）と国風は二〇年周期で繰り返した。だから日本の近代化にもヤマトイズムが見え隠れしたのである。それが日本の強靱さであり、底力でもあろう。

列強時代にどう生き抜くかを日本一国では決めることができなかった。パックス・ブリタニカの時代もパックス・アメリカーナの時代も列強の時代とそれほど変わりはないだろう。列強時代には、その時代の精神があり、また時代の価値基準も時代の限界もあった。

今の人間が一体どういう価値基準で歴史について、その良し悪しを云々するのか。米露中韓の価値基準、さらに歴史認識のみで歴史を語ることができるのだろうか。生存競争で敗者となった人たちの価値基準から生まれた恨みつらみ、ニーチェが言うところのルサンチマンから歴史を云々することに対しては嫌悪感をもたざるをえない。

なぜアジアで日本だけが近代化に成功したのか

大航海時代以降、海のほうでは植民地化が地球的規模で進められることになる。一方、陸のほうではどうだったのか。ロシアや清は「植民地」とは言わずに、ひたすら領土拡大を続けた。

イギリスの産業革命とフランスの市民革命後、従来の封建国家とは違う形の国が英仏を先駆けとして、次から次へと生まれる。「国民国家」と呼ばれたそれらの国々は、西欧から東欧へ、そして世界的規模で拡散していく。

一九世紀の後半になると新型の国民国家は列強となり、国際力学の主力と主役として躍り出る。二〇世紀に入ると、近世以来のユーラシアの大帝国だった世界帝国は、国内の国民革命によって崩壊していく。清もロシアもトルコもその例外ではない。オーストリー・ハンガリー帝国も欧州大戦（第一次世界大戦）後に消滅した。

新しい国民国家の波の中で開国した日本は維新を断行し、近代化にも成功する。そして、日清、日露の両戦争に勝利し、列強の仲間入りを果たす。ちなみに新しい波の中で鎖国から開国したのは日本だけではない。清も朝鮮も開国したのである。しかし、維新に成功して近代化をも成功させたのは日本のみであった。

朝鮮では、開化独立派による甲申改革が失敗する。[2] 日清戦争後、清の戊戌《ぼじゅつ》維新[3]は西太后ら保守派の逆襲により、たった百日で潰された。

第二次大戦後のイランでも、近代化を目指したパーレビ国王の維新が行われたが、亡命先のパリから帰国したホメイニ師に潰されている。それがイスラム原理主義派が台頭するきっかけとなり、今でも続いている。

ユーラシア大陸の西側に位置する西欧が国民国家の時代に入り、世界の一大潮流となった。近代化の波はその後、いわゆる「西風東漸」「西力東来」として、東側の東亜まで拡散する。

さて、近代化の波とは何か。わかりやすく説明するなら政治的には自由化・民主化、経済的には資本主義化・産業化、社会的には大衆化・国民化、文化的には合理主義としての科学・技術といった近代西洋の価値体系を指すことである。

そういった波が地球的規模となって世界に拡散したと言えるだろう。国の形としては、いわゆる国民主義・ナショナリズムの波である。そのあとに続いたのが、右の全体主義としてのファシズムやナチズムであり、左のコミュニズムである。

では、非西洋文明圏の中で、なぜ日本のみが維新を断行し、さらに近代化に成功したのだろうか。

それは「近代化」について一つの大きな課題ともみなされ、今でも研究され、論議もされている。非西洋諸国の維新がことごとく失敗したのに、どうして日本のみが成功したのか。そのことについてはさまざまな論議があるが、「万世一系の天皇」という超越的な存在があってこそ成功したという指摘に注目したい。

その指摘は卓見であろう。歴史に「もし」はないと言われるが、あえて言いたい。もしホメイニがイランのパーレビ国王の維新に同調していたら、もし西太后が光緒帝の維新に賛同さえしていれば、間違いなく歴史は変わっていた。

日本は開国後、佐幕派と尊皇派が対立したが、最後には尊皇攘夷に一体化し、大政奉還までいたっている。もちろん、戊辰戦争など幕府側の抵抗があったものの、維新が時代の主流となった。

なぜ日本で近代化が達成されたのか。その理由を探るには、日本と欧州の共通項に注目する必要がある。日欧比較文明論の諸研究によると、日欧の「封建社会」の類似性に気づくだろう。さらにパラレルな発展過程でも共通項を見出すことができる。日欧の間に文化・文明の近似性があったことにも日本が近代化に成功する要因があったと言える。

一方、清も近代化を目差すが、「中体西用」を考えた。つまりソフトは伝統的中華様式で、ハード面を西洋の物質文明に学ぶ「洋務運動」を採用したのである。それが効を奏さず、挫折に終わった。

しかし、「文明開化と殖産興業」を合い言葉にした日本は、西洋文化・文明のみを「文明」とみなし、ソフトもハードも西洋に学ぶことで近代化に成功したのである。もちろん、日本の社会構造も、同時代の東亜世界に比べると大きく違っていた。その違いを列挙してみたい。

1 匪賊社会ではなかった日本——同時代の台湾には大陸からやって来た役人と匪賊が二重の税金を取り立てていた。朝鮮では火賊や草賊が跋扈する。満州でも、満州名物の馬賊が大手を振っていた。農閑期になると、農民の多くが馬賊に変身したのである。そして中国では、「賊のいない山はなく、匪のいない湖はない」と言われるほど匪賊であふれていた。匪賊の数は推定二〇〇〇万人。正規軍の一〇倍以上だった。匪賊が存在しない社会だったのは日本のみだった。

2 戦乱が起きなかったのは日本だけ——再び同時代の台湾を見てみよう。「三年一小反、五年一大乱」と言われるほど反乱が頻発していた。中国は白蓮教[4]の乱以降、教匪や会匪の乱が二〇世紀の民国時代になるまで続く。社会不安定なのは東亜社会の特色で、日本のみ例外だった。

3 **水害と旱魃《かんばつ》が拡大再生産**――日本以外の東亜世界では台湾、朝鮮、中国も時代とともに山河が崩壊していた。水害と旱魃が繰り返し発生し、餓死者が続出する。中国の例を見ても、一九世紀に一〇〇〇万人以上の餓死者を出したのが三回、二〇世紀には二回もあった。

4 **日本以外は医療衛生環境が劣悪**――台湾は瘴癘《しょうれい》の島と言われるほど風土病と流行病に悩まされ、平均寿命は三〇歳だった。朝鮮半島でも餓死者以上に流行病による死者が多かった。中国はユーラシア大陸伝染病の発祥拡散の地として世界疫病史にある。宋と元は黒死病で滅び、明はコレラと天然痘で滅亡した。同時代の江戸は清潔度では世界一だった。

5 **苛斂誅求**――朝鮮は両班《ヤンバン》が税金の三分の二を着服し、中国では五〇年後の税金まで先取りしていた。満州軍閥の軍事予算は歳入の八〇%以上で、税金は内戦で消えていく。日本のみが苛斂誅求の不可能な幕藩体制であり、人流も物流も市場が機能していた。

日本社会は東亜諸地の仕組みとは異なるので、江戸数百年の超安定社会を形づくり平和を保ち続けていた。社会が安定しないかぎり近代経済を発展させるのは不可能である。日本は江戸時代で原始的産業資本の蓄積と匠の国としての技術開発の能力をもっていた。だから、他の非西洋文明圏の国と違って近代化に成功したのである。

南京大虐殺はこうしてでっち上げられた

戦後中国は、いわゆる「日本軍の蛮行」について、さまざまな「史説」を創作したが、すべてがヒットしたのではない。失敗作も少なくなかったことは前章でも述べた。バカバカしいが、その一つひとつを検証してみよう。

【黄河決壊】 一九三八年六月に日本軍が堤防を決壊させたおかげで、約一〇〇〇万人の溺死者・被害者まで出したという「黄河決壊」である。だが、この創作が発表されて一週間後、フランスのベテラン記者に自作自演を見破られた。蔣介石の国民党による自作自演だったことについては、実行者だったと名乗り出た複数の人物が著書や回顧録を次々と出したことでも明らかだ。完全な駄作である。

【長沙大火】 黄河決壊と同じ年の一一月に長沙市を日本軍攻略に対する焦土作戦で多数の犠牲者を出したというが、これも代表的な失敗作の一つである。蔣介石が長沙の警備司令などの関係者を銃殺刑に処し、自分の命令だったという証拠を隠滅した。

【田中上奏文】 中国侵略と世界征服の計画書といわれる「田中上奏文」については、いち早く当時の日本外務省は偽作であること、しかも駄作だとその存在を否定した。東京裁判でも取り上げられなかったほどである。しかし、今でも毎年八月一五日の「八年抗戦」記念の物証として、中国のジャーナリストたちが創作とは知らずに記事のネタにしている。

以上が代表的な駄作である。だが、もっともらしく創作された「南京大虐殺」は、戦後最大のヒット作となった。反日日本人は嬉々として流布していても、中国が捏造した「反日ネタ」の信者は以前に比べるとかなり減少している。南京大虐殺以外に「三光作戦」「万人坑」「七三一部隊」など一時的にヒットしたものの、「進歩的文化人」や自称他称「良心的日本人」、それに日教組以外には、あまり流布していない。

中国の伝統的な戦争様式には「大河決壊」や「屠城《とじょう》」以外に、いわゆる「三光」という焦土作戦もある。この作戦は従来、中国史には欠かせないものだった。以前はもっぱら国民党が共産党との非難・宣伝合戦でよく使用した用語だったが、やがて「日本軍の蛮行」のひとくくりにされてしまう。

「万人坑」も、中国戦史によく登場する。将軍たちが戦功を誇るため、敵の首だけ集めて

「京観《けいかん》」と呼ばれる塚をつくった。古戦場で骨が出るたびに「日本軍の蛮行」に変わっていく。ＢＣ（生物化学）兵器の人体実験をしていたという「七三一部隊」だが、アメリカ政府が戦後、同部隊の関係者に聞き取り調査した結果、おどろおどろしい人体実験などはでっち上げだと判明している。同部隊はただ給水部隊だった。ソ連から提供された中国軍のＢＣ兵器の使用を防止するために研究したものの、参謀本部からの理解をえられず予算不足で成功しなかっただけの話である。

　戦後は一時、各地方の文化会館や図書館で「七三一部隊」の写真展や絵画展が行われ、私も何度か足を運んだことがあった。しかし、いつも見学者はまばらで、たいていヒマをもてあました中年夫人である。しかも、展示会場で耳に入るのは、中国語がほとんどだった。

「南京大虐殺」の犠牲者数については、数万人から一〇〇万人までの説があったが、三〇万人以上というのは何の根拠もない。「党中央」が勝手に決めた数字である。支那派遣軍関係者のほとんどは、戦後になって初めて「南京大虐殺」を耳にしており、戦争中にはそういう話はまったくなかったと証言している。

　日本軍の南京入城前には、蒋介石夫婦が真っ先に逃げ、軍政部長の何応欽《かおうきん》[5]将軍をはじめ、軍幹部も蒋夫婦の後を追って逃げ去った。南京防衛司令官の唐生智《とうせいち》[6]にいたっては「徹底抗戦」を叫びかけながら敵前逃亡している。

日本軍が南京に入城した当時、城内はほぼ空っぽの状態だった。国府軍部隊もほとんどが軍服を脱ぎ捨て、便衣姿（ゲリラ）である。市民はどこかに逃げてしまったか、第三国の外国人が設けた安全地帯に逃れていた。

だから、日本軍に大勢が虐殺されたので、人がいなくなったという「南京大虐殺」については、日本人学者の研究論文以外には、研究者からなる「南京学会」の研究論文も多い。結論からいえば、「ほとんどが創作」ということが判明し、同学会は解散した。

では、「南京大虐殺」というフィクションがどのようにして創作されたのだろうか。以下の考察を取り上げたい。

①虐殺は中華世界の伝統文化である。その比較文化については、拙著『戦争の歴史―日本と中国』（W∧C）に詳しい。日本は武士が戦争の主役なので、プライドを重んじた。さらに劇場性が高いので虐殺とは無縁だった。

一方の中国は日本とは正反対である。流民が兵士の主役なので、略奪行為を厳禁する将軍は兵士に殺される。攻め落とした城内で略奪・強姦・殺戮しまくる「屠城」は、戦勝行事の欠かせない儀式である。

②虐殺は中国の戦争様式であるだけでなく農民反乱の儀式でもある。有名なのは、黄巣《こうそう》の

乱、李自成[7]の流寇《りゅうこう》、張献忠[8]の四川大虐殺だろうか。昔から中国では、異民族や異教徒への大虐殺を主張する声は少なくない。儒学者の王陽明は天殺（天誅）論を説いた。仏教徒に対する破仏から回教徒を大虐殺する「洗回」、キリスト教徒を皆殺しにした義和団の乱もある。

③韓国人は今でも兵士不適応の性格を持つ民族だ。いざというときには、すぐにパニック状態に陥ってしまう。指揮官や国王が先に逃げるものだから、有史以来、戦争には必ず負けている。千年属国になるのはその結果といえるだろう。

韓国人は個人主義が強すぎるので国民全体に脱走志向が強い。一方、兵士にはもっぱら民間人を虐殺する傾向がある。一九世紀にカソリック教徒を虐殺した「教獄」は有名だ。このような自国民虐殺の事件は、朝鮮戦争をはじめ、戦後も延々とつづいている。

光州事件もよく知られる自国民虐殺事件だ。

戦場ではなく、もっぱら民間人大虐殺で恐怖心を克服するしかない。明から清に事大を代えた後、明の民間人四万から五万人を大虐殺した（『朝鮮開化史』[9]）。ベトナム戦争に韓国軍は参戦したが、ベトコンを避けて、ひたすら村民大虐殺を行う。このことについてはアメリカ軍も頭を悩ませていた。

④刑法からみた場合、中国・韓国ともきわめて非人道的である。中韓とも三族から九族ま

での誅殺と凌遅の刑は近代まで続いていた。中国には「臠食《れんしょく》」という刑があった。処刑される囚人は、生きたまま肉を削ぎ落とされ、肉を生で食べられたのである。残った肉や血は民間に払い下げられた。この残酷きわまりない刑は二〇世紀初頭まで存在していたという。

　中国近代文学の父、魯迅が『薬』という小説を書いている。その小説のモデルとなった一人の女性がいた。革命の志士、徐錫麟《じょしゃくりん》[10]と「支那第一女」を自称した詩人の秋瑾《しゅうきん》[11]である。秋瑾は清国初期の日本への女子留学生だった。徐錫麟と秋瑾は革命のために蜂起するが、失敗して監獄に入れられる。獄卒が徐錫麟と秋瑾の肝臓をむさぼり喰う。その血が血饅頭にされ、市場に売られたという。これに魯迅が触発され、書いた小説である。

⑤「南京大虐殺」とされている写真計三万枚を三人の研究者が分析した結果、一枚として「南京大虐殺」とされるものは存在しないことが判明した。「捏造」か「合成」写真ばかりだったのである。

　しかも、その背後にいる証言者とされる人物は、中国国民党宣伝部の顧問だった。要するに、国民党のプロパガンダであったのだ。いわゆる「南京虐殺」映画を大量に制作して、強制的に鑑賞させたとしても荒唐無稽のものが多いため、外国人学生に鑑賞を強制しても人気が出ない。

⑥私は南京学会第二次総会の講師として出席したことがある。その際中国人の南京城をめぐる十数回の虐殺史を報告し、「歴代王朝の南京大虐殺史」をコピーしたのが、いわゆる「南京大虐殺」だと指摘した。さらに約一八〇〇年前の六朝時代に起きた南朝東晋の王敦《おうとん》[12]大虐殺をはじめ、民国時代の張勲[13]による大虐殺（一九一三年）にいたるまでの虐殺史を研究報告した。

　ことに南朝の宋は一族で殺し合っている。殺し尽くした結果、後継者がいなくなり、王朝が滅んだケースも少なくない。凄惨きわまりないことで有名なのは、梁の武帝時代の侯景[14]大虐殺（五四八～五五〇）と太平天国時代の曽国荃《そうこくせん》[15]の天京（南京）大虐殺（一八六四年）である。

「南京大虐殺」についてよく語られるのが、南京市民を郵便袋の中に入れて日本兵が殺害するというもの。それは中国の戦史にもよく登場する。袋に入れて撲殺するのだ。しかし、決して過去の話ではない。中国では今も殺人の常套手段である。

　その殺害方法はアメリカの大学構内でも行われた。台湾から留学していた国民党支持の学生が、台湾独立運動家を深夜キャンパスに誘い、袋をかぶせて殺す計画をよく耳にする。中国政府の公安関係者が民主化運動家や人権弁護士らを逮捕したときも、全裸にして写真を撮り、地方から北京に送るため袋詰めにした。中国からアメリカに亡命した活動家は近年、その方式で中国に密かに護送されたという報告もある。

歴史博物館内には、南京大虐殺のさまざまな例が展示されている。日本軍が中国人を殺し、その人肉で餃子をつくったとか、日本の軍人が中国人の肝を喰ったとか、荒唐無稽な展示パネルが多い。しかし、ほとんどが中国文化・風俗のコピーなのである。

韓国が「従軍慰安婦・性奴隷」に固執する理由

朴槿惠大統領は就任以来、「告げ口外交」の世界行脚に夢中である。誰から見ても、奇行というよりも「病的」としか言いようがない。日本のことに触れると、あたかもパブロフの犬のように、すぐさま「正しい歴史認識を」と条件反射する。

もちろん、この「正しい歴史認識」というボキャブラリーは要約した代名詞であり、「日帝三六年の七奪」や「強制連行」よりも、もっぱら「従軍慰安婦・性奴隷問題」の代名詞になっている。

朴が先生だとしよう。安倍首相をはじめ、政府閣僚からすべての日本人が生徒となって、「正しい歴史認識」を学ぶ。そして試験の日を迎える。試験用紙を配りながら、朴先生は言い放つ。「いいですか、皆さん。私が教えたとおりの答えを書かないと、先生は明日から安倍君には絶対に会いません！」

それが韓国から出した絶対的な条件である。しかし、いくら「良心的日本人」と「進歩的日本人」が善隣を求めて、「中韓外交が先」という声を上げても、過去の日本も今の日本も、別に「韓国がなかったら日本は生きていかれない」ということがない。

安倍首相は、すでに五〇カ国を訪問しても、朴大統領のように、条件付きとか意地を張ることなく、「いつでも」と余裕を示した。何もわざわざ日本が韓国に「屈服する」必要はなかろう。

韓国は第二次大戦後、「反日」を国是国策にし、「日帝三六年の七奪」を言い始めた。そして、中国が「靖国参拝問題」を口にした途端、韓国も「強制連行」「従軍慰安婦」といった創作を「正しい歴史認識」として日本に押し付けようとしたのである。では、なぜ今いわゆる「従軍慰安婦・性奴隷」を国内だけでなく、世界の人権問題として対外「輸出」までするのだろうか。その理由は多々ある。

まず、いわゆる「日帝三六年の七奪」が、すでに通用しなくなった。「七奪」ではなく、むしろ日本の韓国に対する「七恩」であったことは、拙著『韓国は日本人がつくった』（徳間文庫）の中で詳しく論証している。

それどころか、李朝末にすでに国家破産していた韓国に、統監時代から総督府時代の四〇年もの間（大正九年を除く）、日本から年に約一五から二〇％の財政補塡がされていたのだ。そのおかげで、朝鮮人は中国やインドのように餓死者が続出することはなく、二〇世紀前半まで生き残ることができたのである。搾取されたのは、むしろ日本人のほうだった。

「強制連行」もウソだらけである。李朝時代にすでにシベリアや満州への朝鮮人密入国者が続出していた。日韓合邦（併合）後、朝鮮人が競って日本列島に押し寄せたくらいである。「日本に八〇〇万人以上が強制連行された」と北朝鮮は主張するが、何の根拠もない。

それどころか、日本はむしろ朝鮮人が日本に殺到するのを阻止しようと必死だった。釜山港は日本に喜んで渡航しようとする朝鮮人であふれ返っていたのである。港湾関係者たちの組合や市民集会で、「日本政府が朝鮮人を入国させない法的根拠はない！」ともめにもめていたほどだった。

もちろん、朝鮮人が日本に押し寄せたのは戦前だけではなく、戦後も韓国からの密入国者が後を絶たなかった。では、なぜ韓国人は「従軍慰安婦・性奴隷」と「正しい歴史認識問題」にあれほど没頭するのだろうか。次のいくつかのポイントが私の分析である。

①少なくともここ百余年来、韓国の「反日」運動が「全民運動」まで広がり、さらに深化・

定着までしていくのは難しい。では、韓国国民を説得し、同調させ、呼応させるには、どんなお題目を採用すればよいのか。そのためには自国の伝統文化、ことに国風、国魂をいちばんわかりやすく説くことだ。しかも納得させやすい。

「東洋最後の秘境」という「井の中の蛙」の韓国人、ことにハングル世代には、これしかないだろう。「日帝三六年の七奪」も両班七奪の投影であり、「強制連行」も東亜大陸と半島の国風であることは、韓国・朝鮮史を知る人ならよく知っている。だから、「従軍慰安婦・性奴隷」が韓国の国風からの投影であることも、韓国性奴隷史を知っていればよく理解できる。

②そもそも韓国は、世界でもっとも代表的な性奴隷国家だった。しかも古代から李朝末期にいたるまで有史前からずっと続いてきたのである。人類史上最長の性奴隷国家として守られてきたのだ。その社会的背景にあるのが貨幣経済と商品経済の未発達、つまり物々交換の原始社会であり、牢固たる階級制度である。

③『朝鮮開化史』によると、朝鮮の娼妓は一牌、二牌、三牌にランク付けされていたという。李朝時代の娼妓のみの話である。歴史的には、巫娼、官娼、市娼と分類すべきだろう。暗娼（私娼）については、古代には一般的に存在したが、市娼については京城にしか存在しなかった。戦後の京城には両方が暗躍していたという。

④統一新羅をはじめとする朝鮮の王朝では唐以降、性奴隷の貢女や献女を宗主国に朝貢品として提供し続ける。さらに戦略的商品として、半島からはるか西方にいるチンギス・ハーンにまでも性奴隷を贈与していた。元・明の時代は朝鮮貢女の最盛期であったが、清の宮廷では朝鮮貢女を不要にした。

それでも、政府高官は相変わらず朝鮮貢女を気に入っていたようである。ことに廷臣や朝鮮駐劄《ちゅうさつ》軍の将官の場合、むしろ朝鮮国王の妹や娘（公主）、あるいは朝鮮高官の娘を性奴隷にするのが常だった。朝鮮駐劄軍司令の袁世凱《えんせいがい》[16]にいたっては、閔妃《みんぴ》の妹を手に入れたほどだ。さらに駐劄軍兵士でさえ両班の娘を妓生にしていたというから、いかに朝鮮が属国であったかわかるだろう。

⑤売春立国は、決して朴正熙政権からではない。すでに高麗朝の時代から政府による軍妓（これぞ正真正銘の従軍慰安婦）の売却が行われ、アジア最大の娼妓輸出国となっていた。台湾の例を挙げてみよう。清の時代に台湾北部の炭鉱町にある売春宿は朝鮮人娼妓だらけだった。

戦前の台湾では、どの町でも売春婦は「朝鮮ピー」と呼ばれたものである。また売春宿と言えば朝鮮人女衒の独占経営だった。今でも韓国人売春婦は欧米をはじめ、海外で推定一〇万人が不法に働いている。中国人売春婦と世界トップを争うというよりも、売春市場を牛耳っているのが実情だ。

⑥性奴隷の解放は高麗朝でも李朝でも消極的だった。高麗朝で性奴隷の解放が朝議に上ったが、崔瑩《さいえい》[17]ら重臣の「功臣保護」という名分論で葬られる。李朝三代目の太宗時代にも、同じような議案が朝議されたが、宰相の許稠《きょちゅう》[18]ら「貴族子弟保護」という大義名分で反対したため実現しなかった。性奴隷を含め、万人平等という近代化政策により、朝鮮の牢固たる階級制度を解体し、奴隷解放を達成したのは朝鮮総督府の時代になってからである。

⑦朝鮮戦争により韓国は再び原始社会へ先祖帰りした。朴正煕政権時代には「売春立国」という国の方針が決まる。ソウルなどの主要都市では、公娼以外に「退廃理髪店」と通称される風俗店で私娼が跳梁し、「韓国人総ポン引き」の時代に入っていく。

しかし、一九八八年のソウル・オリンピックを前にして、韓国も「禁娼」、つまり売春禁止の法制化を断行せざるをえなかった。だが、建前と本音が違う韓国である。風俗嬢は推定一八九万人も存在していたという。少なくとも韓国人女性の九人に一人が売春婦か風俗嬢ということになるではないか。

韓国内では、性売買厳禁の法規制と性風俗文化をめぐって対立が激化しただけでなかった。性犯罪、ことに児童に対する性犯罪が問題となる。そして強姦対策に万策尽きた韓国政府は、与党セヌリ党の国会議員に「外科的治療に関する法案」を国会に提出させる。

いわゆる現代版「宮刑」の法制化を目指したのだが、韓流の国策民間会社を牛耳るVANK（韓国網絡外交使節団。Voluntary Agency Network of Korea）と称する民間団体が、欧米政府による自国民の「韓国人強姦注意」の呼びかけに抗議した。だから、今の韓国の「強姦魔」は李朝時代よりは改善されていることに韓国人は誇りをもつべきだろう。「韓国男性はすべて修道士や宦官ではない」とウリジナルしてもいいのではないか。

「韓国人・朝鮮人男性の性器は世界一短小」という調査結果を発表した医療機関に、ネットで再調査の要求が殺到したという。いくら再調査を要求しても、アフリカの某国男性平均の半分の長さしかないだろうから、自分で「再調査」すればよいのでは……。性に関する話になると韓国人はすぐに身を乗り出す。セックスに対する敏感度と勃起性は、やはり関心のマトだろう。

⑧韓国人男性の海外旅行といえば「買春旅行」と同義語である。フィリピンへは年間一〇〇万人も殺到、ほとんどが「買春」目的だといわれている。ベトナム戦争当時に韓国軍兵士が繰り広げた虐殺と婦女暴行は、決して過去の問題ではない。朴現大統領は以前、それらの問題を強行に揉み消した「前科」がある。

米軍と国軍への慰安婦が存在したという現実の問題もあり、性問題が社会から国政にいたるまで「問題だらけ」のひと言に尽きるだろう。韓国では老若男女を問わず、誰にとっても身近な問題である。韓国民の「正しい歴史認識」問題としてもっと敏感になり、関心をもってもらいたい。

⑨李朝時代から朝鮮女性は倭人と性関係をもった者は「死刑」とされていた。というのは、倭人はオランカイ（野蛮人・禽獣）だからである。今現在でも北朝鮮は、朝鮮女性による外国人との性関係は「死刑」となっている。倭人は禽獣だから、日本限定の性奴隷の話は、今でも反日のお題目として話題性と説得力をもつのである。

政治・経済から社会風俗にいたるすべての問題から国民の目をそらせるため、朴槿恵大統領は、いわゆる「日本軍慰安婦・性奴隷」問題をいつまで執拗に言い続けるだろう。では、どうすれば解決できるのか。朴自身も「千年の恨」と口にする以外、具体的な解決策はほとんど示さないままである。あるのは女の怨念だけなのだろうか。

黄禍に対する白禍・赤禍・華禍への恐怖比較論

ヨーロッパ人は、すでに古代から東洋人に対する「黄禍（イエロー・ペリル）」の感情を抱き続けてきた。ローマ帝国を滅亡に追いやったフン族、一三世紀のモンゴル人、一五世紀のオスマン・トルコ人に対する恐怖感がその例である。もちろん、もっと前の古代ギリシャとペルシャとの「東方戦争」からの記憶も鮮烈だったに違いない。

近代になって、ロシアの無政府主義者バクーニン（一八一四〜一八七六）は黄禍への恐怖を提起、ことに日清、日露戦争後には、日本の興起に対する黄禍論が白人の精神史への深層に深く潜んでいる。英国王のジョージ三世の特使、マッカートニーが乾隆帝に謁見し、イギリスとの通商を申し込んだが断られた。

それ以来、マッカートニーをはじめ、白人の中国観は好意的ではなくなる。中国を文明国とはみなさず、中国人をアジアの野蛮人か半野蛮人と見る傾向が強くなった。ヘーゲルもマルクスもその例外ではない。

バクーニンは一八五七年にシベリアに流刑されたが、四年後の一八六一年に脱走し、中国、そして幕末の日本を経由して、アメリカからようやくロンドンに渡ることができた。時代はアヘン戦争、アロー戦争が終わった後である。日本は鎖国を解いたばかりで、維新の前だった。

バクーニンには、「タタールのくびき」という歴史記憶が強く残っていた。「黄禍」については、やはり関心は強かったのだろうか。日本は維新の前だったので、バクーニンの黄禍感情は、モンゴル人に対してよりも人口大国の中国に向けられていた。

バクーニンは、中国の人口の多さに脅威を感じ、「膨大な人口は出口を探さなくてはならない。中国は絶え間ない内戦の中で、精力を鍛えた強烈な好戦的な群衆をもつ」と断言する。そして、「欧州最新の文明の成果と規律が、中国人の原始的な野蛮、人道観念の欠如、自由を愛好しない本能という奴隷根性を結合すれば、やがて欧米の脅威となる」と警告した。

しかし、中国もかつて倭寇や、明の時代には「北虜南倭」のような脅威はあった。ヨーロッパ人にとってみれば、日中が力を合わせることは確かに黄禍という恐怖になるだろう。しかし、北清事変当時、日本は「八カ国連合軍」の一員として、むしろ白人と連合していたのである。西太后は万国に宣戦し、光緒帝の名を借りて、明治天皇に白禍の脅威を煽り立てた。が、日本は清に同調しなかった。

日本が黄禍とみなされるのは日清戦争の後からである。北清事変当時、白人の将校や将軍たちは、日本軍の善戦ぶりを目の当たりにして恐怖感を覚えた。しかし、狡猾なイギリスは、日英同盟を結び、日本軍を利用することにした。

ドイツ皇帝のヴィルヘルム二世は、自ら原画を描いたという、あの有名な「黄禍の図」を彼の従兄弟であるロシア皇帝ニコライ二世に贈呈する。そして「ロシアは白人への黄禍を防衛する前衛となってもらいたい。ドイツはロシアへの惜しまざる支援を約束する」云々と日本への警戒を呼びかけた。ちょうど日露が風雲急を迎えているときだった。

中国は二〇世紀に入っても、ずっと内部抗争に明け暮れ、殺し合いを続けていたので、ほとんどのエネルギーを消耗しつくしていた。二一世紀になっても、中国が考えているのは「海洋強国を目指し」、アメリカと太平洋を二分することだ。

習近平は、「中華民族の偉大なる復興の夢」を連呼する。世界全体のことはどうでもよいという、きわめて自己中心的な夢しかもっていないのだ。はたして、それが中華思想なのか。もし、そうだとすれば、人類にとって本当に恐ろしいのは「黄禍」よりも「華禍」ではないだろうか。

日本は日露戦争後、列強に伍した。東アジア大陸が日本化する恐れも含めて、白人全体が日本への脅威を抱いたのは確かだろう。だから、イギリスまでが日本から離れ、アメリカやオーストラリアをはじめとする黄色人種の排斥、排日、排華の移民法まで制定したのである。

大航海時代以降、数百年にもわたって地球的規模に植民地化、西洋近代化をはじめ、文化、文明、国家、民族まで消えていくのも現実である。だから日本からは、「黄禍」が妄想・幻想であり、「白禍」こそ事実だ、とする反論が続出した。

森鷗外も、「予は世界に白禍あるを知る。しこうして黄禍あるを知らず」と語った。森はまた、黄禍対白禍が太平洋をめぐる戦いになるであろうと予言していたが、実際、その通りになる。太平洋を舞台にした人類史上最大の海戦、日米戦争が起こったのだ。石原莞爾の「最終戦争論」は、東西両文明の決戦として論じられたが、その一例である。

第二次大戦後の中国が「日本侵略論」を説くのは、清が明よりも三倍の領土拡張を行った事実から目をそらせることが目的だろうか。

欧米では戦後、日本の経済大国化に脅威を感じたのか、「新黄禍論」が一時台頭した。五〇〇年にもわたる「白禍」から目をそらせるのが目的だとも言われている。このような日本限定の悪玉論は、「盲目」というより歴史からむしろ目をそらす発言としか言いようがない。

日本が列強に伍したのは半世紀にも満たなかった。しかし、日本の近現代史は、じつに悪戦苦闘に満ちあふれた歴史である。日露戦争後に立ち向かわざるをえなかった相手は、「白禍としての列強」である。実際、「支那革命」「支那保全」にあれほど全力を傾けても、中国の都合で、日本は踏んだり蹴ったりされ、逆に振り回された。

支那革命の支持者、ホーマー・リー[19]は、すでに二〇世紀の初頭に、「将来、日本と戦争することになった場合に備えて、アングロ・サクソンにとっては、中国と同盟を結んでおくことが重要だ」と説いている。

大アジア主義から見たアジアは一つであっても、それは幻想にすぎなかった。歴史の歩みは、それを如実に物語っている。中国が「夷を以て夷を制する世界戦略」としての夷とは西夷と東夷の夷である。東夷の日本人も政府と人民は違う。反日日本人をもって、夷で夷を制することでもある。

ロシア革命後、日本が直面する新たな脅威は、「白禍」から「赤禍」へと代わっていく。だから、日本には支那とケンカをする余裕などほとんどなかった。「赤禍の防遏」が国家戦略だったからである。しかし、大戦後、国共内戦が再燃し、「赤禍」が北だけでなく、西にも見え隠れし始めた。

その後、中国では文革が終結し、ソ連・東欧も崩壊する。しかし、日本が新たに直面する脅威は一体どこなのか。「海洋大国」と「中華民族の偉大なる復興の夢」を実現しようとする「華禍」である。華禍の実態についての本質的分析は、日本の国是国策として、絶対に欠かせない課題である。

なぜ「小日本」が超大国とばかり戦争せざるをえなかったのか

近現代史を知るには、少なくとも二つの歴史背景を知る必要があろう。それを欠かすと、「因果」を知ることはできない。

①なぜ日本は「開国・維新」せざるをえなかったのか。
②なぜ小日本が超大国とばかりと戦争をせざるをえなかったのか。

以上の二つの疑問をもてば歴史を知ることができる。大航海時代以降、ポルトガル、スペイン、オランダに英仏も植民地獲得に夢中だった。さらに陸の大国であるロシア帝国も清帝国も、そしてアメリカ合衆国も領土拡張に励む。海も陸も領土大拡張の時代だった。その中で唯一、三〇〇年近く鎖国によって平和を保っていた国があった。日本である。では、ずっと鎖国を続けていくのは、はたして可能だったのだろうか。同時代のインドはすでに大英帝国の植民地になっていた。大清帝国も風前の灯火だったが、かろうじて独立を維持していた。

アジアの国で、なおも植民地になっていなかったのは中国、日本、シャム（タイ）三カ国だけである。なぜ植民地にならなかったのか。「中国は広すぎる。日本は強すぎる。タイはずるすぎる」という解説もあった。言い得て妙である。もう一国忘れていた。チベットである。地球の屋根だから、きっと「高すぎる」が、その理由だろう。

開国維新後の日本は、「小国主義か、それとも大国主義か」の二者択一を迫られていた。

盛んに論争が行われた末、日本は大国主義を選ぶ。こうして日本は列強の時代に生き残った。それどころか、列強にまで伍したのである。私は、日本が大国主義の道を歩んだことは先人の賢明な選択だと驚嘆するほかはなかった。

しかし、いくら大国主義の道を選んだとはいえ、「小日本」が生き残るには、それなりの苦痛と苦難が重なるように続く。なぜなら、列強の時代は「万国対峙」、しかも「弱肉強食」の時代であったからである。日本はジャングルの法則に従って、生き残らざるをえなかった。

日本は開国してから四〇年、維新後二〇余年、日清戦争も日露戦争も日中戦争も、日米戦争（大東亜戦争）も、相手はすべて当時の超大国である。「小人対巨人」の戦いだった。なぜ相手がすべて超大国だったのか。国力などはいくら計算しても、あまりにも大小強弱の差がありすぎた。「どうして小国が大国を侵略したがるのか理解できない」「なんて日本は好戦的なんだ」など海外の目は一様に冷たかった。

いかなる戦争であろうと、偶然や偶発は決して絶無ではないが、それは例外としか言いようがない。紛争にいたるまでには、さまざまな遠因や近因、きっかけがあるものだ。日本がなぜ超大国ばかりと戦争をしてきたのかを問うことは、戦争を知る上で欠かせない疑問でもある。

数百年にもわたって平和社会をずっと守ってきた日本は開国維新以降、超大国との戦争を繰り返してきた。その裏には、共通した理由が必ず存在しているはずである。「井の中の蛙」のような日本が、身のほど知らずに「夜郎自大」で暴走したからだろうか。また、「窮鼠猫を嚙む」のように、追い詰められた日本が自存自衛のために受けて立ったのか、あるいは逆襲に転じたのだろうか。

近代日本の戦争については、中国が告発するように、その動機や目的が侵略や世界征服といった「陰謀史観」が語られている。だが、「侵略」「征服」「陰謀」から歴史を語るのは、「三国志演義」的な歴史小説の語り口で中華思想から生まれた幻想史観にすぎない。

清もロシアも、かつては「陸の超大国」だった。アヘン戦争は、清の西夷への懲罰戦争である。それに対し日清戦争は、東夷の日本に対する懲罰戦争だった。私は『近現代史集中講座』(徳間書店)の中でそのことを詳述している。

列強の時代になると、清はすでに「ウドの大木」になっていたのに対し、ロシアは軍事超大国だった。日露開戦前の国際世論も「ロシア必勝」との予測が大勢を占めていた。それでも日本は辛勝したのである。

日中戦争当時、確かに中国は多政府の内戦国家だった。しかし、軍事力は日本の一〇倍以上という軍事大国で、背後には米ソの支援があったことも忘れてはいけない。結局、日本は中国の内戦に引きずり込まれてしまう。

　大東亜戦争・日米戦争についても、日本は追い詰められた。当時、永野修身[20]軍令部総長が御前会議で開戦を決意した際の言葉は、じつに悲壮感にあふれていた。

「戦わざれば亡国必至、戦うもまた亡国を免れぬとすれば、戦わずして亡国にゆだねるは身も心も民族永遠の亡国であるが、戦って護国の精神に徹するならば、たとえ戦い勝たずとも祖国護持の精神が残り、われらの子孫は必ず再起三起するであろう」

　まるで日本の立場を象徴しているかのようである。

「特攻の父」といわれる大西瀧治郎中将は、自ら主張する「特攻」は「統率の外道」と認めながらも、次のように語っている。

「日本が滅びるかどうかの瀬戸際に、この戦争は勝てぬかも知れぬ。しかし青年たちが国難に殉じて、いかに戦ったという歴史が記憶に残るかぎり、日本と日本人は滅びない」

　日本民族がまさに滅びんとするさなかに、身をもってこれを防いだ若者がいたということが世に知れれば、日本が再起することは可能であると信じたのだ。

　敗戦時に割腹した大西中将は一万四〇〇〇人にのぼる殉教隊員に向け、次のような遺言を残している。

特攻隊の英霊に申す
善く戦いたり深謝す
最後の勝利を信じつつ肉弾として散花せり
然れ共其の信念は遂に達成し得ざるに至れり、
吾死を以って旧部下の英霊と其の遺族に謝せんとす

「殉国の精神」は日本が独立国の一分を立てた志として、また勇気ある民族としての誇りでもある。これは戦後の「平和ボケ」の日本人にとって、自分たちは決して臆病者ではないことを想起するだけで充分の価値がある。

開国維新以降の日本の対外戦争について語られるのは、決まって糾弾・引責のオンパレードだ。それは日本のマスメディアの慣例となっている。教育現場も同様だ。日本軍の「虐殺」「略奪」ばかりを強調し、「侵略史観」を意図的に後世に押しつけようとしている。こうして「自衛戦争」「東亜解放の聖戦」までもが反動的な言葉とされ、タブーとなってしまった。

だが、大東亜戦争時代によく唱えられた「自存自衛」は、単なるスローガンで終わるものではない。日清戦争は大清による東夷への懲罰戦争に対する小日本の「抗戦」、日露戦争はロシアの南下の脅威に対する「抗戦」、日中戦争は「赤禍防遏」の日米ソの代理戦争であっても、中国よりも日本の「抗戦」と言ってよかった。

日米戦争にかぎらず、開国維新後の超大国に対する抗戦であることは、前述したように、マッカーサー元帥も日本の正当防衛だったことを示唆する証言を行っている。にもかかわらず、当の日本人に「自存自衛」の戦争観が希薄なのは「聖戦」「義戦」意識が欠落しているからである。また、戦争史についての知識が、あまりにも少ないからかもしれない。

そもそも「共存共栄」は現実的には難しい。それはEUやAPECなどの共同体だけでなく、同一国家における異民族共存などを見ればよくわかる。中国のチベット人やウイグル人問題もその一例だろう。

私が常々疑問に思っているのは、なぜ「世界革命、人類解放」「搾取される人たちの解放」はよくて、「東亜の解放」はよくないのかということだ。「大中華共栄圏」や「東亜共同体」ならよくて、「大東亜共栄圏」はダメというのも理解できない。

戦後、コミンテルン史観、東京裁判史観、そして中華史観からの影響とマインドコントロールの効果がいかに大きいか。この二重の価値基準からもうかがえる。日本人の精神的内部崩壊は、じつに死に至る病として深刻である。いまでも戦前のABCD包囲網に似ていて、米露中韓の「歴史戦争」以外に、獅子心中の虫・反日日本人に蝕まれている。

一九世紀だけでなく、二〇世紀も戦争の時代だった。二一世紀になっても、戦争は避けていくのでさえ難しい。こういう時代の中にあって、小が大に戦争を強いられれば、受けて立たなければならないのは、「抗戦」以外に何と言おうか。

戦後すでに七〇年も経っている。日本はなぜ独善的な「正しい歴史認識」問題にふりまわされ、領土まで狙われるのか。その理由については、七〇年の歴史総括として省察せざるをえない。いったん日本人は臆病だと知られたら、つけこまれるのはさけられない。日本の「常識」は、世界で通用するとはかぎらないからだ。

世界史の常識から日中韓の歴史関係を再考する

朝鮮人の事大主義の由来については、高麗仁宗十三（一一三五）年の西京戦役に、僧侶の妙清[21]が儒学者の金富軾《きんふしょく》[22]に敗れてからである。そう指摘したのは、李朝末期以来、活躍していた著名な啓蒙思想家、申采浩《しんさいこう》[23]である。しかも、申はそれを「朝鮮史上の千年来一大事件」であるとみなした。

申によれば、この西京の役とは、実質的には花郎《ファラン》（新羅貴族の子弟らの武力組織）の仏教家と儒家の戦いであり、国風対漢学、独立党対事大党、進取思想対保守思想の対決の戦いでもあるという。

妙清は前者、金富軾は後者の代表である。最終的には妙清が戦いに負けたので、朝鮮がとうとう儒教に征服された。この一戦が朝鮮史上千年来の事大的・保守的・自縛的思想と方向を決定づけたのだという。

一戦だけで千年の国是の方向を決めるという申采浩の説には、私はなかなか同調できない。高麗朝は敬虔な仏教国家である。科挙には僧科まであったくらいだ。李成桂[24]が高麗朝を簒奪した後も、仏僧と儒者はなおも対立を続けていた。結果的に「崇儒斥仏」の国是になったのは、人よりもその背後にある自然や社会的要因があるのではないのか。

というのは、儒教思想への影響は、少数の両班だけの世界にかぎられているからだ。民間では、やはり「鬼神」や霊の信仰というシャーマニズムに支配され、今日でも人々の間に「鬼神」という土俗的な信仰が根強く残っている。もちろん、それは韓国人だけにかぎらない。

いわゆる三韓時代は、古代国家の存在というよりも、ただ東アジア各系の流民の吹き溜まりの場、つまり村社会の集合体だった。漢以降の六朝時代になると、北方遊牧民の五胡をはじめ、半島の高句麗、百済、新羅はほとんど仏教国家である。

ちなみに六朝時代の中華世界では儒教は人気がなく、ほぼ消え去った。ユーラシア大陸の東方だけでなく、イスラム教が生まれるまでは、中近東でさえ仏教国家だった。仏教はシャーマニズムに代わって民衆の主流思想にもなっている。

高麗朝の時代になっても大陸の諸王朝からは、なおも東夷と見なされていた。そんな高麗人にとって、モンゴル人の百余年にわたる支配は、半島史上初めての文明開化の波である。統一新羅は唐から賜姓されたが、高麗人はむしろモンゴル姓への創氏改名に走り、衣食もモンゴル風を好んだ。李朝朝鮮以降の中華化、儒教化は両班にかぎられた。

モンゴル人は海上勢力建設までは成功していない。日本遠征も南洋遠征も、いずれも失敗に終わっている。しかし、紙幣の流通には初めて成功した。つまり、海のネットワークはつくれなかったが、陸でのネットワークを構築することに成功したのである。資本主義の萌芽と言われるほどだった。

李朝が両班などの貴族階級の支配のみを強化するのは、すでに半島の自然が崩壊し、モンゴル帝国は基本的には通商国家の性格が強く、韓国は自然の摂理と社会の仕組みから徐々に原始社会の物々交換へと先祖返りしていくからである。

中国人は昔から、「日本人は呉伯や徐福の子孫」「日本は中国人がつくった」「日本の近代化は中国のおかげ」と言ってきた。中日友好協会会長だった郭沫若《かくまつじゃく》[25]も「中国は大きいから、日本の身代わりになって西洋列強の侵略を受けた。このおかげで、日本は裏でこそこそと維新をやって、近代化に成功した」と、ぬけぬけと「おかげ」論を展開している。中日友好協会会長でさえ、その程度の日本理解だ。

「そもそも日本には文化も文明もなかった。近代化できたのは、孔子、孟子のおかげではないか」とのたまう中国知識人も少なくない。そんな中国人の洗脳教育の「おかげ」で、日本に留学した大学院生の中には、日本にも歴史があることを知って驚いたというから、こちらのほうが驚く。「日本史の研究とは、何をするのか」と日本人の教師に尋ねた中国人留学生もいた。

中国人は、外のことや他人のことにあまり興味を示さないし、知ろうともしない。たいてい他人や外国をけなすことばかり。あとは自分や家族、中国を誉めちぎる。ひたすら自画自賛するわけだ。それで自己満足する。韓国人もそれに近い。

しかし、日本人はまったく違う。中国人・韓国人とは逆で、あまり自分や家族や日本のことを誉めない。その代わり、外の世界を理想化する傾向が強い。しかも好奇心が旺盛で、他人への思いやりが強い。ましてや他人に自分の考えを強制することは滅多にない。

列島に住む日本人は、半島や大陸の住民とは地政学的にも生態学的にも違う。だから、それぞれの歴史の歩みが異なるのも当然だろう。日本は神代から、万世一系の国である。したがって、国家の歴史と民族の歴史は当たり前のように同一視される。

しかし中国と韓国では、国家と民族の歴史を混同することが多い。しかも易姓革命の国だから、自分たちの都合のいいように国も歴史も平気でつくり変えてしまう。だから、チンギス・ハーンも自分たちの祖先だと主張して、モンゴル人と争うこともある。モンゴル史だけではなく、高句麗史まで「中国の一地方史」だと主張する。

日中韓の関係は、白村江の役（六六三）が明確な歴史の足跡を残しているが、それ以前に歴史の記述があっても、せいぜい陸のシルクロードや海のシルクロードぐらいの交流だった。「文化を教えた」とか「国をつくった」程度の話ではない。

中国は易姓革命の国だから、一治一乱が歴史の法則となり、夷狄に滅ぼされたこともあった。つい二〇世紀まで二度亡国と語る文人もいる。だから、征服者を祖先だと言い張るのは相当な勇気と覚悟がいる。

中国という国は、いつから始まったのか、春秋戦国以前からの考証もあるが、二〇世紀からという主張もある。中華民国と中華人民共和国についての国家の承認となると、なおさら見解の相違が多い。

それらについては、現代中国の自己主張ではなく、世界史と同一な歴史の常識とカテゴリーで判断すべきである。

私の考えはこうだ。中華人民共和国が誕生したのは、大韓民国と同じく第二次大戦後であり、中華民国はモンゴル、チベットと同様、清の植民地から独立した――と。もちろん、それは世界史の常識からの目であり、中国の自己主張とは違う。ちなみに中華民族というのは「幻の民族」で今なお錬成中である。いくら強制しても、なおアイデンティティは共有していない。

中国・韓国がいう「正しい歴史認識」は「正しくない」だけでなく、「歴史」ですらないことについては、以下の史観が欠如しているからである。

①世界史としての全体像がない。
②日中韓の関係史のみに限定して、歴史空間の広さと時間のスパンが不足。
③戦前だけでなく、戦後中韓の内戦史も侵略史も隠蔽した。
④中韓はつまみ喰い史観とあてこすり史観と史説しかない。真に「歴史に盲目」である。

人類史には時代によって、それぞれの民族によって、さまざまな国家がつくられてきた。都市国家もあれば世界帝国や封建国家、国民国家もある。多種多様な民族を集めて一つの国家をつくったこともあれば、一つの民族が多くの国家をつくったこともある。

また、自力で達成できないことは他力本願に頼る国もある。たとえば、「朝鮮も韓国の一部なので『北韓』と称すべきだ」「台湾も中国の固有領土だ」と日本に無理矢理押し付けることを、中韓には止めてもらいたい。

終戦七〇年に語るべき歴史

二〇一五年の夏は、ちょうど終戦七〇年の節目で、中国・ロシア・韓国はそれぞれ記念行事などを仰々しく予定している。もちろん日本に対して、「正しい歴史認識」を押し付け、「反省」を求めることも予想される。

日本では、安倍首相が新しい談話を発表する予定だ。七〇年談話の内容を練るため、日本郵政の西室泰三社長を座長にした有識者会議（一六名のメンバー）が発足、夏までに報告書をまとめて安倍首相に提出する。首相は報告書を踏まえて談話の内容を決めることになっている。

戦後の日中韓の関係を見るかぎり、中韓はずっと戦後体制を守りたいようだ。そう思っているのは何も中韓だけではない。米露も今の戦後体制を守り続け、さらに「永久平和」という名の下で、永久に守り続けようと目論んでいるように思えてならない。日本国内の反日勢力にも、そういう意図があるだろう。当然、「村山談話」や「河野談話」を死守するつもりだ。

今さら言うまでもないが、中国も韓国も他人に反省を強要するのが得意である。なにしろ自分だけが正しく、過ちはすべて他人のせいにするという性格だ。「死ぬまで悔い改めない」と意地を張る中国人が少なくない。一度でも「反省と謝罪」をしたら、それですべてが終わってしまうからである。

日本と違って、中国や韓国では過去を「水に流す」という考え方がないのだ。いくら謝罪しても許してもらえないのである。明末の儒学者、李卓吾[26]は、その著『蔵書』の中で、中国人についてこう指摘している。

「いかに自己礼賛をするかについては苦心しているが、自己批判についてはまったく関心をもたない」

要するにタチの悪い性格なのである。大中華の中国人がそうなら、小中華の韓国人も同様だろう。いや、朴槿恵大統領の「反日」の執拗さを見ていると、中国人よりも性格が悪いかもしれない。

ところで、少なくとも近現代史を見るかぎり、ウィーン体制もベルサイユ体制もワシントン体制も、たいてい守るのは一時の方便にすぎない。長続きしないのである。第二次大戦後のサンフランシスコ講和条約体制よりも中露韓が守り続けたいのは、カイロ、ヤルタ、ポツダムなどの宣言や密約に基づく七〇年体制である。しかし、東西冷戦終結の世界は国際力学的に大きく変わってきた。

終戦七〇年を節目に、過去については戦後七〇年のみに限定してもよいだろう。私なら、もっと時間のスパンを引き延ばし、空間のスケールも広げる。戦後の日本を語らず、戦前の日本のみを語るのは決してフェアではないからだ。日本の過去にのみ限定するのでは、偏見しか生まれてこない。少なくとも戦後七〇年の中韓露米の戦後史を問うことから始めるべきである。

1　中国について――日中戦争が終わると、国共内戦がすぐに再燃する。勝利した中国共

産党が中華人民共和国を建国した。負けた国民党は台湾に逃れ、「中華民国」という老舗を再開する。人民共和国は社会主義の建設に熱中する一方で、「世界革命、人類解放」と叫び、革命の輸出に乗り出す。

国内では、三反五反運動[27]、反右派闘争、大躍進、文化大革命といった運動・闘争が天下を動転させる。その間、一九六〇年代に数千万人の餓死者を出し、文革中には億単位の人間が被害者となった。

外に対しては、中印、中ソ、中越戦争と、周辺諸国とのトラブルが続く。今でも「海

郵便はがき

料金受取人払郵便

牛込局承認

6893

差出有効期間
平成28年3月
31日まで
切手はいりません

162-8790

107

東京都新宿区矢来町114番地
神楽坂高橋ビル5F

株式会社ビジネス社

愛読者係 行

ご住所 〒 TEL:　　　(　　　)　　　FAX:　　　(　　　)		
フリガナ お名前	年齢	性別 男・女
ご職業	メールアドレスまたはFAX メールまたはFAXによる新刊案内をご希望の方は、ご記入下さい。	
お買い上げ日・書店名 年　月　日　市区町村　書店		

ご購読ありがとうございました。今後の出版企画の参考に
致したいと存じますので、ぜひご意見をお聞かせください。

書籍名

お買い求めの動機

1　書店で見て　2　新聞広告（紙名　　　　　　　）
3　書評・新刊紹介（掲載紙名　　　　　　　）
4　知人・同僚のすすめ　5　上司、先生のすすめ　6　その他

本書の装幀（カバー），デザインなどに関するご感想

1　洒落ていた　2　めだっていた　3　タイトルがよい
4　まあまあ　5　よくない　6　その他(　　　　　　　)

本書の定価についてご意見をお聞かせください

1　高い　2　安い　3　手ごろ　4　その他(　　　　　　　)

本書についてご意見をお聞かせください

どんな出版をご希望ですか（著者、テーマなど）

洋強国」を目指す中国と周辺諸国の間で軋轢が生じている。戦後の中国は自らの足元をもっと見つめ直さなくてもよいのだろうか。

2

韓国について——朋党の争い、つまり内ゲバはコリア半島の名物である。李朝から、さらに「日帝」時代にも朋党の争いが繰り広げられ、仲間同士が殺し合った。戦後は米ソによって南北に分割占領され、大韓民国（韓国）と朝鮮民主主義人民共和国（北朝鮮）がそれぞれ分離独立を果たす。

もちろん、それは歴史の運命で、ドイツもベトナムも、そして印パもそうだった。やがて朝鮮戦争が勃発し、同じ民族同士の殺し合いが始まる。北は粛清により金王朝が三代も続いている。南は済州島、国民軍、光州などの自国民虐殺を不問にした。

また南は「一〇〇〇万人離散家族」の悲劇を絶えず口にしている。もし本当に統一したいのなら、南北分断の責任を日本をはじめ、米ソ中に押し付けないことだ。いずれにしても、その気があれば明日にでも今日でも統一が実現できるのではないだろうか。

3

米ソ（露）について——ロシア革命で誕生したソ連は第二次大戦後の一時期、「世界革命、人類解放」の主役として世界を魅了した。社会主義国家群のリーダーになり、東西冷戦ではアメリカと天下を二分したが、一九九〇年代に東欧とともに崩壊する。ロシア帝国の復活もささやかれてはいるものの、原油価格の急落などで悪戦苦闘の真っ最中だ。

アメリカとは大戦をスターリンのソ連とともに戦い、新興のライバルだったドイツも日本も叩き潰した。戦後、新しい国際新秩序を築いたアメリカは冷戦にも勝利し、パックス・アメリカーナの時代を確立した。グローバリズム＝アメリカイズムであることは明白な事実だ。そんな中で歴史の申し子として生まれたのがＢＲＩＣＳである。

近年、若干の陰りが見えてはいるが、今なお世界の主宰者であることに変わりはないだろう。そのアメリカは戦後七〇年について、あまりパフォーマンスをせず語りもしない。余裕をもっているからなのか、それともアメリカの「ツルの一声」が、それなりの重みをもっていることを知っているからなのだろうか。

4

日本の戦後について――近隣諸国とも遠方諸国ともかなり違うのは、内戦もなければ、対外戦争もなかったことである。平安時代や江戸時代にも似た平和な時代を七〇年も守り続けてこられたのは決して容易なことではない。しかも、敗戦の焼け跡から這い上がって「経済大国」となり、安定、安全、そして安心できる社会を築き上げた。
世界の人々にとっては、日本は魅力的な国であるだけでなく、歴史貢献でも世界一だと評価され続けているのだ。そんな日本の戦後七〇年を世界に発信しないかぎり、それこそ「歴史には盲目」になるだろう。ぜひ堂々と語ってもらいたい。

平安時代も江戸時代も日本のみ数百年の平和を守った。縄文時代もほとんど戦争らしい痕跡がなかった。戦後にも対外戦争も内戦もなかった。それも「万邦無比」の一つとして日本が世界に誇るべき日本文明の特質である。

それは誰かの偉大な努力でもなければ、「憲法九条」精神などなおさらない。日本社会や文明の賜物である。

戦後七〇年をターゲットに定めて、中国と韓国は「正しい歴史認識」を日本に押し付けてきた。日本をおとしめるのが目的であることは、日本人なら誰でもわかる。それだけ日本人の注目度も高い。しかし私は、中韓による「正しい歴史認識」の押し付けを「熱烈歓迎」したい。

中韓の「歴史認識」には、その戦後史も戦前史も糾すべきところが多々ある。「正しい歴史認識」を押し付けられるのは、反撃する好個のチャンスだ。捏造され、歪められた創作をフィクションではなく「歴史」だと同調する者を、良心的かつ良識のある日本人が「詐欺罪」で告発すればよいだろう。ことに近現代史の「戦前史」に限定しても、次の視点は絶対に欠かせない。
①大航海時代以降、五〇〇年にもわたって西洋の優位が確立された。地球規模の植民地化の歴史だけでなく、社会主義化の歴史も捨象してはならない。
②西洋諸国は列強の時代にいたるまで、海の領土大拡張を競ってきた。さらに陸の大国だったロシア、清帝国、アメリカ合衆国によって、陸の領土大拡張も激しさを増す。そんな歴史も見逃してはならない。
③日本限定の「過去の一時期」だけでは、歴史の全体像が見えない。「木を見て森を見ず」と同じである。一八世紀末の白蓮教の乱から百余年にわたる内戦の延長としての日中戦争終結までの中国史をもう一度検証してみる必要がある。
また、「東洋最後の秘境」「枯死国」の朝鮮の歴史についても、一歩も二歩も踏み込んだ検証が求められる。李朝末期の国家破産や朋党の争いだけではない。清の「朝鮮省」、ロシアの「沿海洲」への編入の動きから日韓合邦までの二〇世紀前後の朝鮮事情も再考することで、「日帝三六年」が「七奪」だったのか、逆の「七恩」だったのかという歴史の真実に迫ることができるだろう。
④日本とドイツ、統一イタリアが世界史に登場したのはほぼ同時期である。列強時代に日

本が果たしてきた歴史の役割と貢献について、もっと客観的に、史実に基づいて見るべきだ。「侵略」「搾取」限定の言説は、あくまで偏見と独断として排すべきである。

1タスマニア人 オーストラリア・タスマニア島にいた原住民。一八七六年頃絶滅。
2甲申改革 一八八四年、甲申の年に朝鮮の開化派が起こした政変。
3戊戌維新 一八九八年、戊戌の年に清の光緒帝が企てた政治改革。百日維新ともいう。
4白蓮教 南宋から清代まであった宗教結社。弥勒信仰が反体制運動と結びつき、一七九六〜一八〇四年にかけて大きな反乱を起こした。
5何応欽 中華民国の軍人。一八九〇〜一九八七。日本の陸士卒の知日派。
6唐生智 軍人。一八八九〜一九七〇。中共成立後も大陸にのこり、全人代委員などを務めた。
7李自成 明末の農民反乱軍リーダー。一六〇六〜一六四五。流寇は農民軍を意味する。
8張献忠 明末の農民反乱軍リーダー。一六〇六〜一六四七。四川を支配下におさめたのちに、大殺戮を行った。
9朝鮮開化史 恒屋盛服著。明治三四年、博文館刊行。
10徐錫麟 清末の革命家。一八七三〜一九〇七。死刑になったとき内臓を食われたので「吃烈士」と称される。
11秋瑾 女性革命家、詩人。一八七五〜一九〇七。魯迅の『薬』では夏瑜という名で描かれる。
12王敦 東晋の軍人。二六六〜三二四。
13張勲 清末民初の軍人、政治家。一八五四〜一九二三。中華民国成立後も、清朝の復活を策動した復辟事件で有名。

14侯景　南北朝末の武将。五〇三～五五二。

15曾国荃　清朝の軍人。曾国藩の弟。一八二四～一八九〇。

16袁世凱　中華民国の初代大総統。一八五九～一九一六。一九一五年、皇帝就任の宣言をしたが、民衆の支持がなく、たった三カ月で退位。

17崔瑩　高麗末の武将。一三一六～一三八八。

18許稠　李朝の政治家。一三六九～一四三九。

19ホーマー・リー　アメリカの探検家、作家。一八七六～一九一二。孫文と親しく、アドバイザーとしての役割を果たした。

20永野修身　海軍軍人。一八八〇～一九四七。A級戦犯容疑で東京裁判中に巣鴨プリズンで病死。

21妙清　僧侶。?～一一三五。陰陽術を使ったといわれる。

22金富軾　儒学者。一〇七五～一一五一。妙清の乱を平定した。韓国最古の歴史書『三国史記』を編纂。

23申采浩　思想家。独立運動家。一八八〇～一九三六。「朝鮮革命宣言」を起草。

24李成桂　李朝の初代国王。在位一三九二～一三九八。太祖。

25郭沫若　文学者、政治家。一八九二～一九七八。日本留学経験があり、岡山の旧制六高から九州帝大医学部を卒業。妻の一人は日本人だった。

26李卓吾　陽明学者。一五二七～一六〇二。朱子学の偽善をきびしく批判した。危険思想とみなされ、獄中で自殺。

27三反五反運動　一九五一～一九五三年にかけて展開された政治キャンペーン。「三反」は国家機関や国営企業への汚職などのいましめ。「五反」は私営企業への脱税などのいましめ。

第二章

曲解される日本近現代史

日本一国「侵略」説に終止符を

日本限定の「侵略」史説は、戦勝国アメリカなどの連合国が日本に押し付ける「新しい歴史認識」である。中国と韓国は、ただその尻馬に乗っただけだ。ことに韓国は日本とともに戦った仲である。日本人は頭がよく、品格もよい。いざ戦いになると命がけで、勇敢にして責任感も強い。そういう民族はじつに恐ろしい。アメリカにとっては、そういう相手を敵にまわしたら、どうにもならないので、どうしてもすべての戦争責任を日本におしつけなければならない。中韓ともに戦後生れた国である。内戦からの生き残りとして、自国民虐殺、内政など国内問題が山積、どうしてもアメリカの尻馬に乗って、恐ろしい敵国を仮想的だけでなく、永久敗戦、永久謝罪をしないと、安心も優位に立つこともできない。

大勢の韓国青年が「特攻隊」にまで志願したはずだ。私は、ある元特攻隊員から叱られたことがある。

「キミ！　特攻、特攻と簡単に口にしても、特攻隊員の最低の条件としては、特攻機の操縦技術を修得しなければ役に立たない。その技術を修得するまでに、どのくらい時間がかかり、どれほどの心血を注いだのか、キミ、知ってるか！」

私はこのひと言で黙ってしまった。それ以上の質問はとうとうできなくなってしまったのである。

戦後とはちがい、戦前は軍人になることは、誇りである。韓国は台湾よりも二年早く志願兵制度を施行、青年が殺到、倍率も数十、数百倍もあった。入隊できなかった台湾の青年は、嘆願書や血判までした。「特攻隊員」になるのは、「志願」だけではなく、誰もが「合格」できるものではない。公式記録では、台湾人は大卒はいくらでもあったが、「陸士」（陸軍士官学校）に入ったのは一人もいなかった。それが戦前の「事情」の一つである。

台湾人は日本人と同じく敗戦国の屈辱を味わってきたので、なぜ韓国人が高飛車にして「三国人」だけでなく「戦勝国」までになったのか。そのメンタリティがなかなか理解できない。「日本がもっとも悪かったのは戦争に負けたこと」と台湾人の多くが心痛の念をずっともってきたからである。もちろん、欧米や中国から「日本が侵略した」という声を上げられることも台湾人には心外だった。

史上初めて領土範囲を国際的に決めたのは、ドイツの「三〇年戦争」後に締結されたウエストファリア条約[1]である。ほぼ同時代の世界史をみると、大航海のはじめにはポルトガルとスペインとの地球分割が行われた。それに続いたのがオランダ、イギリス、フランスの植民地争奪戦である。

陸においてもロシア、清国、アメリカなどの征服戦争と領土拡大が本格化し、本来の数十、数百倍にも領土が膨張していた。しかし同時代の日本は鎖国しており、領土を拡大するどころか小さな列島に閉じこもっていたのである。

拡張主義をもっとも顕著に示したヨーロッパの覇者と言えば、ナポレオンとヒトラーである。それは決してウエストファリア条約後だけでなく、アレキサンダー大王の時代もジンギス・ハーンのモンゴル帝国も古代ローマ帝国も中華帝国も、膨張によって帝国が生まれた。

安倍首相が喝破するとおり、国際法的に「侵略」の定義がいまだに「定着」していないのは事実である。それを皮肉ったり、けなしたりしている言論人と政治家は、「侵略」をどう定義しているのか、私もじっくりと拝聴したいものだ。

一体、何度「日本の侵略」を断罪すれば気が済むのだろうか。戦勝国から押し付けられた「歴史認識」を唯々諾々と受け入れるだけでなく、そういう自虐的な「断罪マニア」のメンタリティを、どのように理解すればよいのだろうか。いずれにしても、戦後七〇年の節目に、「侵略」についての定義も日本人が堂々と語るべきである。

大航海時代後、アジア、アフリカの国々のほとんどが、ずっと欧米の植民地支配下にあった。そんな欧米の植民地主義に日本が「東亜の解放」を掲げて、「反植民地主義」の聖戦を行ったのである。一体、それのどこが「侵略」だろうか。

満州人は六代二〇〇年もかけて中国征服をはじめ、明時代の三倍も領土を拡大した。それ以上拡大できなかった要因としては、地理的な限界や内部矛盾が拡大したことにもある。また国際力学の変化で、西夷と東夷に継続的な拡大を阻止されたことも大きな要因だろう。「侵略」の定義は期間に左右されない。つまり、何年までが「侵略」ではないのか。「侵略」した土地を喪失したことや奪い返されたことさえも「侵略」と定義するのだろうか。欧米や中国の領土拡大を「発展」「開発」「解放」であると定義するなら、日本限定の「侵略」について国家史からもう一度その歴史の歩みを検証しなければならない。

満州北部の森林から中国を征服し約二〇〇年かけて領土を拡大したのは、満州人が君臨する清帝国である。にもかかわらず、中国人たちは「清の君主たちは、われわれの祖先だ。当然、その領土も中国の『固有の領土』だ」と主張する。それこそ「真の中国統一」とうそぶく。

中国は領土拡大のためには手段を選ばない。「農奴解放」という大義名分を掲げて侵攻したチベットの土地も中国の領土にしてしまった。チベット人は幾度も虐殺され、人口も激減する。その一方で、中国は漢族をチベットに大量に移住させた。これを「侵略」と言わずして何と言えばいいのか。「侵略」という言葉を決して日本限定の専門用語にしてはいけない。

では、なぜ終戦七〇年を節目に、日本に限定した「侵略」問題を中国・韓国が提起してきたのか。日本の「侵略」を固定化・永久化するためである。しかし、こうした中韓の目論見を日本はしっかりと打ち砕く必要があろう。以下がその理由だ。

①近代になってから国民国家が次々と誕生した。その国づくりの過程で、国境・領土範囲をどう決めるかが議論された。その中で問題になったのが「侵略」の定義である。

②有史以来、さまざまな国のかたちがある。「世界帝国」の時代は、力によって領土が決められた。それが史実である。

③どう国づくりを行うかについては、第二次世界大戦前に一時、汎スラブ主義、汎トルコ主義、汎ゲルマン主義の時代もあった。ヒトラーは「生存圏論[2]」まで主張している。

④日米戦争の最終場面で、ソ連は不法にも日本固有の北方領土を占領する。それだけで満足せず、北海道も占拠しようとするが、アメリカに拒否された。蒋介石の中華民国も九州占領を要求したが、これもアメリカに断られている。

⑤ソ連と毛沢東の中華人民共和国は「世界革命、人類解放、国家死滅」のスローガンを掲げていた。そして「侵略」を「解放」とするイデオロギーも全面に打ち出す。

⑥中華人民共和国の成立後、中印、中ソ、中越といった陸の領土紛争が続く。それどころか、さらに数年前から「海洋強国」を目指して、アメリカと太平洋を二分する気構えでいる。それなのに中国は「侵略」とは無縁だと言い張る。ひたすら「侵略」を日本の専売特許にすることで、中国の領土・領海拡張を正当化しようとしているのだ。

⑦東亜世界は有史以来、漢族の王朝以外に北方夷狄の王朝も多くつくられた。異民族に統治されても中国人はタダでは起きない。異民族が侵略し、征服した領土をも「中国の固有領土」と主張しているのだ。もし、イタリアが古代ローマ帝国、ギリシャがビザンチン帝国、トルコも最盛期をマネしてかつての領土を主張したら、世界は大混乱することだろう。

⑧現に、中東のＩＳＩＬ（いわゆる「イスラム国」）は、かつてイスラム帝国最盛期の北アフリカ、ヨーロッパでの征服地域の奪還まで目指しているという。

⑨現在の世界は、国境紛争の地が数多く存在している。近現代の国民国家づくりから生まれた問題であろうか。過去の歴史から、どこまでが「侵略」と概念を規定することは難しい。力による「征服」をどこまで認めるかにも関連してくるからだ。日本限定の「侵略」を定着させてはならない理由はそこにもある。

日中戦争は日本の中国侵略という嘘

中国は第二次大戦後、日中戦争を「八年抗戦」と呼び、さらに日本人学者の学問的主張にある「満州建国」も含めて、「一五年戦争」「日清戦争」「台湾出兵（牡丹社事件[3]）」までも「八〇年戦争」や四捨五入して「百年戦争」と称し、豊臣秀吉の「征明」まで、日本の中国侵略戦争と説く。しかし、「学問的」な根拠は一つもない。

いくら過去の歴史上の「戦争」やそれらしい「事変」や「紛争」にいたるまでのすべてを「日本の中国侵略戦争」と解釈しても、満州事変から日中戦争にいたるまでの日中間の戦争に「連続性」はない。

戦後日本の自虐史観や「侵略史観」からの影響がよほど強かったのか、日本の保守派の中でさえ、日中戦争を「帝国主義間の戦争」とか「日本の侵略戦争」と認識する御仁も少なくない。戦後教育の影響や進歩的文化人・学者による「学問」を僭称した「曲解」によって、無意識のうちにマインド・コントロールされてしまったのだろう。いずれにしても、はなはだしい歴史歪曲であることを私は指摘したい。

中国の歴史認識には、さまざまな伝統的な史観と史説があることは否定しない。また、日本人への影響が強いことも確かである。しかし、歴史認識はすべて中国基準なので、「正しい歴史認識」を額面どおりに受け止める必要などさらさらない。モンゴル人もウイグル人も、そしてチベット人もそれぞれの史観と史説をもっているのだ。

「中国はすでに強くなったから、これからの世界は中国が決める！」

と中国人が息巻いても、それは「これからの世界」だけであって、過去の史観や史説まで中国人に決めさせるわけにはいかない。日本人にも神代以来の史観がある。主観的にも客観的にも、戦後の史観のみに限定する必要はないのだ。

たとえば、東アジア世界の歴史をどうみるのか。まずは中華世界の歴史からみてみよう。いわゆる「正統王朝」だけを取り上げても、『史通』（劉知幾編）と『資治通鑑《しじつがん》』（司馬光編）だけでも違う。

約一八〇〇年前の六朝時代には、北方夷狄の遊牧民はすでに中国のホームランドに、いわゆる五胡十六国と多くの国々と王朝をつくり、ことに唐以降の宋（華）、元（夷）、明（華）、清（夷）が一〇〇〇年にもわたって交替しながら王朝をつくってきた。もちろん、それは中華世界にかぎったことではない。インド世界もイスラム世界も、そして東西ローマ帝国もそうだった。

二〇世紀以降の中国内戦中の各政府の解釈も、二〇世紀以前の文化や民衆、ことに「生民」や「天民」と称される人々の国家観も民族観も異なる。過去のモンゴル人の中国統治はここでは取り上げない。

しかし、満州人の中国統治をどうみるかということについて、満州人は一貫しているが、漢人の意見はさまざまである。もちろん、人類史上最大の内乱と称されるキリスト教系拝上帝会[4]の「太平天国」の考え方も異なる。二〇世紀に入っても、国学大師と称される章炳《しょうへい》麟《りん》[5]らでさえ、漢人国家が満人に「亡国」と満州人の清帝国をみなしていた。

満州人が後金国[6]を建国したのは、明に対する「七大恨」を掲げ、漢人の迫害に対する復仇が国家目的であった。満州人は万里の長城内に入り、中国を征服する。それだけでなく、なおも草原帝国のジュンガルに勝ち、ジュンガル支配下の西域とチベットも手に入れたのである。

満州人は、中国一八省とチベットなどの「藩部」に分けて分割統治した。中国人に対しては二重の統治機構を敷き、満蒙文は朝廷の対外公式文字として、アヘン戦争以降の南京条約から、漢文などが初めて並記され、勅書にも漢文が並記されるようになる。

内閣にあたる軍機処は、ただ漢人を排除するだけでなく、漢人の宮女までを排除するほど漢人を嫌う。漢人が「外夷語」を学ぶことも夷人に漢語を教えることも厳禁した。漢人はずっと「家奴（奴隷）」と称されていた。

清王朝の滅亡の直前にいたるまで、「仮に（清朝が）滅びたとしても、天下を外人（西夷など）にはわたすが家奴にはわたさない」と朝廷はそこまで公言したほどである。このように、満州人の中国統治は、西洋にみられる植民地統治以上のものであった。

だから辛亥革命後の清帝国をめぐる遺産相続については、主に三つの系列が行われている。①列強の介入、②モンゴル、チベットなど藩地の独立宣言、③中華世界の南北政府をはじめ、各政府や武装勢力の内戦――である。

辛亥革命後から日中戦争にいたるまで、各政府や武装勢力による内戦については、主に軍閥内戦、国民党内戦、国共内戦に分けられるだろう。各勢力も政府が多すぎて、国民党の党内でも、広州、武漢、南京、北京各政府の内戦はほとんどカオス状態だった。南北国民党政府の内戦の中でも最大といわれる中原大戦[7]では、なんと一三〇万人が激突し、三〇万人以上の死者を出した。

ちなみに、清が一八世紀末の白蓮教の乱から文革の終結にいたるまでの約一八〇年を振り返ると、内乱・内戦のなかった年がない。日中戦争と言われる日中の武力衝突だが、盧溝橋での発砲がきっかけで起きた日支事変（「七七事変」[8]）から武漢陥落まで、たった約一年余のみである。

「八年抗戦」と称されるが、「抗戦」などほとんどなかったというのが史実だ。華北の各政府は日支事変後、鉄道、道路などの経済建設に取りかかる。そして一九四〇年代に入ってから、南京、重慶、延安の三政府によって「新三国志演義」が展開された。

戦後、国共内戦が再燃したが、中華人民共和国の樹立までに、日本はすでに中国の内戦から手を引いている。また、「八年抗戦」と言っても、日中戦争にいたるまで日本は平和交渉を放棄していなかった。

「八年抗戦」の真実はどうだったのだろうか。巨視的にみれば、一八〇年内戦の一コマと考えられる。中国の内乱・内戦は、列強の「代理戦争」の性格が強く、辛亥革命後から日独、日英の、そして一九四〇年代に入ってから日米ソの代理戦争に代わった。

戦後に再燃した国共内戦も、中ソの代理戦争である。その後の朝鮮戦争、ベトナム戦争も性格的には代理戦争だった。米国にとって近代戦争を行う条件は、ほとんどゼロに近かったからである。

一八世紀末以来の中国の一八〇年にわたる戦争の規模や主役と原因については、内戦が主流である。戦死者と民間人の巻き添えからみても、そう言える。日本にかぎらず、列強も中国人の殺し合いのとばっちり、被害者となるのが公平にして正確な戦争史観である。詳細は、拙著『日中戦争知られざる真実』（光文社知恵の森文庫）を参考にしてもらいたい。

満州国に対する曲解を撃つ

戦後でもっとも曲解されているのは「満州国」と言える。曲解された背景としては、多々ある。中国の満州国併合と侵略を覆い隠すために、歴史の真実が曲げられたという説を否定する理由は何もない。思想的には、中国人の「天下一国主義」という「侵略」を正当化する理想的国家観、つまり中国型ユートピア観を広めるためにも曲解が必要だったことだろう。

韓国はただ、そう主張する中国の尻馬に乗っただけである。それが、いわゆる事大主義というものだ。もちろん韓人と満人は世々代々最大の敵だった。近代史の流れをみると、日韓合邦後には、日韓よりも日満のほうへ政治・経済の重心が移るという歴史の流れがあった。それは、むしろ不可抗力的な時代の宿命とも言える。

また、李朝が明から清へと牛から馬に乗り換え、事大一心という大きな歴史の流れもあった。日清、日露の両戦争の後、東北アジアの重心は韓国から満州へと移っていき、韓が歴史から消え失せる。「日満支一体」のスローガンは、その現象を象徴するかのようであった。

そもそも現在の北朝鮮は、高句麗の時代から生態学的にも地政学的にも人種学的からも南とは異なる。李朝時代でさえ被差別地域だった。李朝時代の売春婦は「楊水尺《ヤンスチョク》」と呼ばれ、たいてい北から南へ流れついた流民だった。

高句麗はツングース系の扶余族の国だったので満州人と同系とも言える。もし満州国が今日まで存在していたら、高句麗、渤海国をめぐる韓中の歴史論争は東亜三国の中で満州国が優位に立つに違いない。満州国は韓国民にとっては「恨の文化」でもっとも許せない敵対的な存在だったのである。だから、反日よりも反満民族主義が荒れ狂っていたことだろう。

満州史をめぐって、戦前に日中韓で論争があった。日本がかなりの優勢だったのは、日本の東洋学者の優れた学問研究があったからである。中国はただ中華史観に基づく自己主張をする一方で、ほとんどが独断と偏見に満ち、その知識は「論争以前」としか言いようがなかった。

もちろん、満州人も万里の長城を境に、五〇〇〇年にわたる対立の歴史がある。中国人とは、いわば仇敵同士とみなされていた。そういう対立関係をベースにした史観が主流だったのである。

満州事変をめぐって、リットン調査団がやって来たが、ロシア軍の北清事変をきっかけに全満州を占領した。日露戦争後に南満州を日本に譲り、満州をめぐる南北、満蒙をめぐる東西などの日露対立から「赤禍の防遏《ぼうあつ》」へと日露・日ソの対立は激化していく。この歴史の歩みの中で、日本はむしろ被害者だという松岡洋右外相の国際連盟での発言は、くり返すが、きわめて正論だと私は共鳴せざるをえなかった。

戦後の中国、ことに人民共和国成立後は、満州に関して犯罪とも言える歴史の曲解が流布された。「日本帝国主義の傀儡《かいらい》国家で日本に搾取された」「満州、台湾、朝鮮は日本帝国の三大植民地だった」と歴史が歪曲されたのである。

当時、中国から年平均一〇〇万人が自主的に満州国に流入したことも「強制連行された」と嘘をつく。さらに「満州国」の国名の冒頭に「偽」をつける。「満州」を「東北」に改称し、「満州」という名称自体を「支那」同様に禁句にした。そんな中国の歴史改竄の動きに手を貸したのが日本の文化人や学者、教師、ジャーナリストたちであった。さながら「曲学阿世」という言葉がぴったりではないか。

満州には、環境・経済難民だけでなく、政治難民も流民として満州へ流れてきた。より豊かな地に移動するのは世の掟ともいえる。二〇世紀の中国は、日本の中国古代史の重鎮、貝塚茂樹が考えたようなユートピアの荘園社会ではなかった。

満州事変前後に起きた西北大飢饉は一〇〇〇万人の餓死者を出している。その後の約八年間で水害と干ばつの被害者は人口の四分の三にものぼった。加えて、軍匪をめぐる内戦によって、じつに阿鼻叫喚の地獄が人々を襲う。

しかし、中国に比べると満州国は別天地だった。さながら「王道楽土」だったので、中国人の駆け込み寺として、年間一〇〇万人もが万里の長城を超えて満州に流入したのである。事実、建国一三年で人口は三〇〇〇万人から四五〇〇〇万人に急増している。人口増加だけをみても、いかに満州経営が成功していたかわかるだろう。

人民共和国成立後でさえ、満州は中国全土の重工業生産と交通網が九割も占めていたのである。ところが、人民共和国は満州国の遺産を食い潰してから、やっと改革開放へと国是国策を変えたのである。

中国が満州国に対する日本の「侵略」「搾取」「三光作戦」まで歴史を捏造するのは、満州国を併合する目的のためだった。満州帝国の成立は満州事変がきっかけだったが、「一五年戦争」と言われるような事実はまったくない。

奉天軍閥を率いた張作霖《ちょうさくりん》[9]の死後、父親の後を継いだ息子の張学良軍は、関東軍の砲声を耳にしただけで逃亡する。その後、満州各地の有力者が次々と独立を宣言し、満州国が建国された。それが史実である。

一九二〇年代から一時、各地の連省自治（連邦派）と広州、北京両政府の統一派との内戦が勃発する。湖南対湖北、広西対広東で連邦派政権が潰されてしまう。連邦派が建国に成功したのは、唯一満州だけだった。その後、国民党南京政府と満州国との実質的な交流が進む。もちろん、国民党重慶政府が満州事変を「国恥記念日」と制定する目的は、満州国の併合にあった。

日米戦争の結果として満州国は消滅する。ソ連軍が入ってから国共内戦の戦場となった。このことも悲劇だが満州国が消えたほうがアジアにとってだけでなく、中国にとっても大きな悲劇だったと私には思えてならない。

ソ連・東欧の崩壊後、人々は「赤禍」の悲劇にしか目を向けなくなった。しかし、中国の悲劇は、「赤禍」以外にもあった。「天下一国主義」である。中国が「満州国」を「国家」として見ることができなかったのは、「天下一国主義」にあったことは言うまでもない。それも一つの視点ではないかと私は考える。

それは何も満州国だけに限らない。中国は今も、モンゴルもウイグルもチベットも、そして台湾までも、この「天下一国主義」で強制統合しようとしているのだ。われわれはもっと時間のスパンを長く伸ばし、空間のスケールを広げて「中国中心」に限定するのではなく、人類史や世界史から見なければならない。

満州国の遺産についても触れないわけにはいかないだろう。国共内戦の再燃後、当然のように満州争奪戦も行われた。毛沢東が「東北（満州）さえ手に入れば、その他の解放区を失ってもよい」と語ったことでもわかるように、国共両軍とも満州のインフラを高く評価していたのである。

戦後五〇年経ってから、アジアの国で戦闘機までつくることができたのは日本と台湾だけだった。中国もインドも、ただ外国の戦闘機をライセンス生産するのみだった。しかし、戦前は満州国が戦闘機まで生産していたのである。その技術を毛沢東は喉から手が出るほど欲しがっていたのだ。

満州国が被った戦後最大の悲劇は、中国というブラック・ホールに吸い込まれたことだ。社会主義政権によって、肉だけではなく血まで吸い取られたのである。もし満州国が今日も存続していたとしたら中華世界はすっかり変わっていたに違いない。豊富な資源と日本からの資本や技術の移転で、少なくとも日本と並んでいたことだろう。場合によっては、満州国という近代的多民族国家が日本をも超える国力を誇り、東北アジアをリードしていたのかもしれないのだ。

戦後、アジアの新興国はすべてが多民族国家である。「民族協和」を理想とした満州国は、まさにアジアが追い求めていた最高の国家モデルであった。しかし、日本の敗戦で満州国が消滅し、アジアの理想も夢も消え失せたのだ。

満州国建国は、アメリカ合衆国のような「近代的多民族国家」をアジアにうち立てることができるのかどうかという大きな実験でもあった。少なくとも社会主義実験に比べると、天と地との差がある。満州国一三年の歴史の歩みを見ても、まさしくアメリカ合衆国のように、諸民族が移民したユートピアだったと言える。「傀儡《かいらい》国家」というよりは数百万の流民が証明した「王道楽土」だったのである。

満州国という多民族共生を目指す北東アジアに出現した「第二のアメリカ合衆国」の消失は、戦後の中国人にとっても大きな損失だった。「天下一国主義」という専制独裁を強制し、近代国家とは何かという問いかけすら失わせる悲劇だった。大いなる実験は幻となった。今日にいたって、なお前近代的な中華帝国の亡霊が東アジアの大地に徘徊しているのはそのツケでもあろう。

大東亜侵略戦争の正体

戦後、日本でもっとも流行したのはアメリカから押し付けられた大東亜への侵略史観である。言論人、文化人、学者、政治家から国民までの常識にもなった。「無謀」「残虐」「搾取」「放火」「婦女暴行」などの大合唱が一時、日本人の「一億総懺悔」の後、さらに日本の教育、マスメディアの主要言論となり、反日日本人を跋扈させる要因にもなる。

もちろん、林房雄の「大東亜戦争肯定論」の声もあったものの、主流意識になるまでにはいたらなかった。近現代史をみるかぎり、戦前と戦後とでは日本人の大東亜戦争についての歴史観だけでなく、人生観も世界観も外からの強制と反日日本人の呼応によって、すべての価値観が変わってしまった。

大東亜戦争は日本の自存自衛の戦いであるとともに、西欧列強の植民地であったアジア諸国から白人の支配者を追い出し、同じアジアの国として共に栄えていくという「大東亜共栄圏」を理念として掲げていた。

しかし、戦後になると一転し、「アジア侵略の方便だった」と、あしざまに言われるようになる。大東亜戦争というと、「住民虐殺」「強制連行」「従軍慰安婦」「バターン死の行進」といった類の話しかなかった。「自存自衛」「東亜の聖戦」までタブーとされ、嘲笑の言葉となってしまう。

「虐殺」「略奪」という言葉が決まり文句となり、「大東亜共栄圏」については、「国家膨張のイデオロギー」「近代日本使命の発酵の終点」「戦争のための排他的地域交易圏」などと蛇蝎《だかつ》のように斬り捨てた。

私がよく首を傾げたくなるのは、「東亜の解放」はダメなのに、どうして「世界革命、人類解放」ならよいのかということである。戦後の日本人が先人をおとしめる言説についても理解に苦しむ。

先人たちよりも、戦後の日本人の気概と能力が優っているとでもいうのか。「東亜の解放」を「使命」として命をかけた人々は、そんなにバカで「犬死」しただけなのか。そんな私の問いかけに誰か答えてもらいたいものである。

戦後日本人の「自虐史観」は、じつに深刻である。平成五年、日本新党の細川護熙首相は就任早々、「先の戦争」について「私自身は、侵略戦争であった、間違った戦争であったと認識している」「わが国の侵略行為や植民地支配などが多くの人々に耐え難い苦しみと悲しみをもたらした」と先人を断罪したのである。

「侵略」への反省と謝罪の進軍ラッパは、社会党委員長の村山富市が自民党との連立政権で首相になったときに最高潮に達した。こうして侵略史観は日本人の「虐殺の天性」とともに自虐主義として定着する。それから二〇年経ったが、日本の外交がよくなったのかというと、世界の笑いものとなっただけでなく、ゆすりたかりとの的とされた。要するに、悪化の一途をたどったのだ。

大航海時代から五〇〇年の間、ポルトガル、スペイン、オランダ、そしてイギリス、フランスだけでなく、陸からのロシアもアメリカも世界の植民地化に参入し、領土拡大を続けていた。イギリスは「日没しない国」となり、オランダは植民地のインドネシアから、本国の四五倍以上もふくらんだ。

日本がやっと世界史の表舞台に登場したのは、開国維新後の一九世紀の中葉のことである。西洋列強の世界的領土拡張も中国の領土拡張までもが論外とされた。「東亜の解放」を目指すことも「本心ではない」「侵略をたくらむ陰謀」「口だけ」とされた。が、史実として、ほとんどの植民地が解放され、時代がすっかり変わっていく。

それでも日本だけが侵略国家と断罪されて世界に謝罪する必要があるのだろうか。小泉純一郎首相（当時）は政権末期に、世界の不特定多数の国々に謝罪するパフォーマンスを行ったが、私はてっきり小泉首相が「病気」だと思って心を痛めたほどだ。外国からの批判もじつに痛烈だった。

たとえば、私が読んだ中国の新聞は「立ったままの謝罪は、まったく誠意のない証拠だ」「跪け！」とまで厳命していた。しかし小泉元首相が全人類に土下座して謝罪しても、それで済むことではない。中国・韓国の日本に対する嫌がらせは反省や謝罪が目的だけではないからだ。

村山政権時代に閣僚、国会議長をはじめ、大物政治家たちが揃い踏みで、東南アジアへの謝罪行脚をした。まさに「奇行」としか言いようがないが、まったくの逆効果だった。

たとえば、マレーシアのマハティール首相も台湾の李登輝総統も異口同音に、「過去のことはもうよい。これからが大事だ」と過去にこだわらなかった。ちなみに、この二人の偉大な指導者の日本を見る目は、日本人の「自虐史観」とはまったく逆である。

大東亜戦争について米中韓と歴史観がまったく逆なのは東南アジアの人々である。「日本の成功が東南アジア諸国に自信を与えた。もし日本の支援がなければ、欧米の世界支配は永久に続いていたはずだ」（マレーシアのマハティール元首相）

「大東亜戦争なくしては、マレーシアもシンガポールもその他の東南アジア諸国の独立も考えられない」（ASEANの創設者でもあるガザリー・シャフェー元マレーシア外相）

「日本のおかげで三〇年も早まった。インド（の独立）だけではない。ビルマもインドネシアもベトナムも東亜民族は皆同じである」（インド法曹界の重鎮パラバイ・デサイ博士）

大東亜戦争は「侵略」ではなく、東南亜と南亜の人びとが自ら語ったように「東亜の解放」だったのである。

なぜ中国はインドと東南アジア諸国の独立を阻止したのか

アジア諸民族から大東亜戦争を見れば、それは黄色人種対白人の戦争、独立解放を目指す植民地解放戦争だった。しかし、アジアの国々の中でただ一国のみが、西洋植民地主義者と手を組み、アジア解放阻止に動く。それは蔣介石の中国である。

インド独立運動の指導者、チャンドラ・ボース[11]は東京で開催された大東亜会議の後、ラジオ放送で次のような旨の呼びかけを重慶政府の蔣介石に向けて行う。

「閣下は何をやっているのかご存じですか。どうか西洋植民地主義者と手を組まないでください」

汪兆銘[12]を首班とする南京政府の依頼だった。

インパール作戦の時期に、重慶政府はアメリカからの重なる要請で、米バージニア陸軍士官学校出身の孫立人[13]率いる「青年軍」を雲南省からビルマに送り、英米軍の作戦に参加させていた。学生時代の私にとって、「青年軍」と言えば、英米から「素晴らしい」と賞賛された中国人の軍隊としか知らなかった。

しかし、戦後になって私が留学生として日本にやって来たとき、アメリカの軍事顧問団長だったスチルウェル[14]将軍の回顧録を読み、やっと青年軍の実態を知ったのである。回顧録によれば、青年軍の兵士は食器類を天秤棒で担いで嫌々進軍する。基本的には、食べること以外は何もしない、臆病な兵士たちだった。

いざ出撃の命令を下しても、日本軍を見ただけですぐにパニック状態に陥った。敵に向かってではなく、空に向けてライフルを乱射する。まるで戦争には向いていないというよりも、むしろ邪魔者扱いされていたという。将軍の日記には、蔣介石のことを「このピーナッツ」と連発している。結局、ルーズベルト大統領に「このピーナッツと一緒に組むのは嫌だ」と訴え、団長を辞めてアメリカに帰国している。

私はその回顧録を読んだ後、ビルマからの研究生と日本で知り合ったので、青年軍のことを尋ねてみた。やはり評判が悪く、日本軍と戦うというよりも、ビルマの民間人から略奪するばかりで、匪賊よりも酷かったらしい。

彼らは中国に帰っても食べることができなくなるので、国共内戦後にその一部が、国境地帯の、いわゆる「黄金の三角地帯」でアヘンを栽培し、麻薬の利権をめぐって「アヘン戦争」を続行していた。

さて、蔣介石がどういう人物かというと、もともとも上海マフィアのボス、陳《ちん》其美《きび》[15]の子分だった。軍事を学ぼうと日本にやって来たが陸軍士官学校には入学していない。その理由は不明である。

陳水扁が台湾の総統時代、私はベテラン・ジャーナリストから、蔣介石の「身分証明書」を入手した。その最終学歴を見ると、「日本士官学校卒」と記されている。しかし、日本にはそういう名称の学校は存在しなかった。「陸軍士官学校」はあるが……。蔣介石伝については、拙著『蔣介石神話の嘘』（明成社）に詳しい。

蔣介石が黄埔《こうほ》軍官学校[16]の校長時代、国共合作によって軍事顧問はソ連から迎えていたが、国共内戦後にはドイツ参謀本部からの顧問団となった。しかし、三国同盟締結後、日本政府がヒトラー総統に抗議し、ドイツからの顧問団が全員撤退してから米軍の軍事代表団に代わっている。やはり西洋人の顧問がついていないと、中国人には近代戦はほとんど無理だったのだろう。

中国はなぜ英米蘭と組み、植民地を守らざるをえなかったのだろうか。大東亜戦争が始まる前、日本はＡＢＣＤ包囲網によって経済封鎖されるなど追い詰められていた。Ｃはチャイナ、つまり中国である。

日中戦争のことを中国では「八年抗戦」と称しているが、盧溝橋事変後、蔣介石夫婦と司令官たちは南京戦の前にすごすごと全員逃げてしまう。指導者たちが真っ先に逃げたのに、どこが「抗戦」なのか。それはさておき、武漢も危ないと悟った蔣らは、さらに山奥の重慶まで逃げ延び、そこで重慶政府をつくった。

一九四〇年代に入ると、日中戦争というよりも、実質的には南京（汪兆銘）、重慶（蔣介石）、延安（毛沢東）三政府の対決の時代である。重慶は山奥だから、だんだんとジリ貧になり、四つの援蔣ルート（イギリス、アメリカ、ソ連などが蔣介石に物資を援助したルート）が辛うじて蔣政権を支えていた。

しかし、援蔣ルートが四つあっても、中国の山間部は当時、匪賊によって支配されていたので、軍服、武器弾薬、医薬品などの補給は、たいてい途中で匪賊によって抜き取られる。約半数かそれ以下しか重慶に届かないという有様だった。

このまま放っておくと、蔣は日本との平和交渉に応じて戦線から離脱するかもしれない。たとえ蔣介石の軍隊が戦争能力ゼロに近くても、ビルマ出兵などの共闘を守りたかったアメリカは、蔣介石をカイロ会談[17]に誘っておだて上げ、懐柔に努めたのである。

中国という国は、自己中の人間集団というか、寄せ集めの国と言ってもよい。だから、いざというとき、本能的に自分一人だけでも逃げたがるのだ。それが中国の歴史の掟でもある。韓国も中国と同じだ。

二〇一四年に起きたセウォル号沈没事件のように、船長がまず逃げ、船員が後から続く。朝鮮戦争が勃発した際も李承晩大統領が真っ先に逃げた。敵に立ち向かうのは、よほどのバカと思われるのがオチだ。

話を蔣介石に戻そう。蔣一行は重慶の山奥まで逃げ延び、そこで政府をつくり、外敵との戦いよりも内敵との権力争いに夢中になった。まさに中国史そのものではないか。権力争いに勝つには資金が欠かせないのだが、中国人からもほとんど見放されていたので、アメリカの援助にすがるしかなかった。

しかし、アメリカから「他力本願ばかりしないで、お前らも兵隊ぐらい提供したらどうか」と言われて、「青年軍」と称すゴロツキ部隊を突き出さざるをえなかったのだろう。日本人とは違って、他人のことはどうでもよいというのが中国人のメンタリティである。

では、なぜ「アジアの独立」や「解放」といった他人のことに中国人は興味を抱かないのだろうか。西洋植民地主義のアジア支配を支持するのに他の理由もあるのではないか。次のようなことが考えられるだろう。
①華僑は、西洋植民地統治の番頭である。中国では「官吏」というシステムがあるので、西洋人の植民地支配者を「官」とするなら華僑は「吏」というわけだ。だから、東南アジア各民族の独立運動は、まず華僑を追放しなければならない。中国にとって植民地の独立は「反華（反中国）」の同義語である。
②イデオロギー上からも、あるいは思想信条からも、中国人にとって最高の価値とは「統一」である。「同」を求めることでもあるのだ。いかなる国家であろうと民族であろうと、「解放」も「独立」も絶対反対である。植民地であろうと帝国主義であろうと、それは関わりのないことだ
③植民地解放はコミンテルンのスローガンの中にあっても、中国では毛沢東でさえ、思っ

てもいないだろう。かつて毛沢東は、ベトナムの同志たちに「四川とタイはほぼ同面積だが、タイの人口は四川の半分しかない。そのような不公平を許してよいのか」と不満をぶつけ、こう言い放った。「タイを解放したら四川から大量の移民を送ってやろう」

中国人のそういう「不公平是正」の解放思想は今でも続いている。海洋進出についても、「二一世紀には海に出ないと中国人の未来はない」とし、「日本やフィリピンなどの一人当たりの海の面積は中国人の一〇倍もある。だから、不公平是正をしないとダメだ」となる。

このように、中国人の不公平是正は、あくまで他人に向けられるのだ。つまり、屁理屈である。自分にとって何の得にもならない「植民地の独立」や「解放」などには、まったく興味がない。むしろ反対するだろう。そこがお節介で思いやりのある日本人とは違うところだ。

④中国は有史以来、天下の中心として四夷八蛮に囲まれ、天朝朝貢冊封の秩序を守り続けていると自らそう思っている。中国人の天命とは、この周辺の夷狄を王化＝徳化＝華化することにある。決して「解放」や「独立」を手助けすることではない。

しかも夷狄は禽獣なので、人間にしか適用されない仁義道徳とは無縁だ。「夷狄に対しては殺しても不仁と言わず、裏切っても不信不義とは言えない」というのが儒教思想の真髄である。だから「植民地の解放」や「独立」はとんでもない考えなのだ。

今の中国は、チベット、ウイグル、モンゴルなど数十の非漢族を抱え、どこでも超植民統治を行っている。だから中国にとっては、欧米やロシアの植民地がすっかり消えてしまうと、最後の植民地帝国としての中国が孤軍奮闘することになる。西洋植民地帝国どころか、いかなる植民地帝国にも支援と共闘を惜しまないだろう。

奴隷解放を目指してきた近現代の日本の大義

一九六〇年代から七〇年代にかけて、日本人の差別意識は強い、というのがほぼ「常識」にされてきた。その言論と「良識」の発信源は、ほとんど在日の中国人・韓国人と反日日本人、ことに進歩的文化人の言説からくるものである。私は、すでに半世紀以上も日本に暮らしているので、差別されたことは一度でさえなかった。私だけが鈍感なのだろうか。

私は言論人であり作家でもある。また大学の先生でもあるから、差別されないという指摘もまぬがれない。しかし私は、一九六〇年代からずっと貧乏学生として、勉学の間にアルバイトに明け暮れる日々を送ってきた。差別を感じないのは、やはり鈍感か無自覚かのどちらかに違いない。

差別観やら差別意識というのは、いかなる民族であろうと個人的に避けられないこともある。長い歴史の中で私は、中国人と韓国人の「華夷意識」がかつての南アフリカのアパルトヘイト以上と考えて、各国のそれと比較したところ、日本人は世界でもっとも差別意識が少ないという結論に達した。

それは半世紀以上の日本の暮らしからの体感でもあるが、決して無根拠ではない。日本には、「一視同仁」という言葉がある。もちろん、どの国でも似たような言葉はあるが、それを「言霊」として魂にいたるまで染み込んでいるのは「思いやり」のある日本人だけかもしれない。

歴史上の人物でみてみよう。織田信長のような、性格が極端にして気難しい人でさえ、常に天下人然としている。信長には、バテレンから献上された黒人奴隷を森蘭丸などと同じく、主君の身の回りの世話をする「近習」の一人として召し抱え、「弥助」[18]と名付けて連れ歩いたというエピソードもある。白人とはまったく違う黒人との接し方だ。

しかし、中国は今でも黒人蔑視の感情が強い。ジョージ・ブッシュ政権のコンドリーザ・ライス国務長官を「黒い犬」と呼んでいた。だから、半分だけでも差別されていたオバマ大統領も中国人がいちばん気にくわない。

古代からギリシャやローマ、東方の中国もほとんどの国が奴隷制度をもっていた。どこにでも奴隷社会が存在していたのは常識中の常識である。山本七平によれば、奴隷制度のない社会は日本とユダヤだけだと言う。

大航海時代以降、「輸出」された黒人奴隷の数は約六〇〇〇万人と推定される。アフリカから新大陸まで奴隷を連れていく場合、奴隷船内で六人中五人が死亡したという。生き残った一人も奴隷としての過酷な労働が待ち受けていた。

黒人以外にも奴隷はいた。いわゆる「ピッグ・トレード（豚の売買）」で「黄色い奴隷」として外国に売られた中国人奴隷だ。六〇〇〇万から八〇〇〇万人と言われている。黄色い奴隷は黒人奴隷の約一〇分の一というのが通説だ。

中国からペルーへの奴隷船が日本で阻止され、中国人奴隷たちが救出されたのは有名な話である。日本人は古代から人間を人間として取り扱わないのは大嫌いだった。隣邦の奴隷国家である中国・韓国の社会構造とは大きな違いである。

欧州大戦（第一次世界大戦）後、アメリカのウィルソン大統領が発した「民族自決宣言」はよく知られるが、その「民族自決」とは東欧諸民族に限定したものにすぎない。アジアやアフリカの国々とは関係のない宣言であった。

人種差別撤退を国際社会で初めて訴えたのは日本人である。欧州大戦後のパリ講和会議で、日本政府代表の西園寺公望が人種差別撤廃法案を提出したのだ。投票の結果、賛成一

七、反対一一の多数決で可決される。ところが、委員長のウィルソン大統領の「重要法案だから全員一致が原則」との不可解な口実で葬られてしまう。

西洋の奴隷社会については、世界史から古代ギリシャ、ローマの「パンとサーカス」、アメリカの「リンカーン大統領の奴隷解放と南北戦争」、インドの「カースト制度」などで知られている。しかし、東亜の奴隷社会はほとんど知られていない。よく語られるのは中国近代文学の父とも呼ばれる魯迅の中国史についての二分法だろう。「奴隷になろうとしてもなれなかった時代と、しばらく奴隷になって満足している時代」と説くので有名だ。清王朝は地方の総督でさえ、上奏文には「家奴」と自称した。中国人は満州人の植民地の住民よりも家内奴隷だった。

東洋の奴隷制度については、古代奴隷史をめぐる闘争がよくあるが、漢の時代以後は「家内奴隷」が中心になり、いわゆる「家奴」、朝鮮では「奴婢」と呼ばれている。清党の時代の漢人は満人王朝の「家奴」とみなされ、西洋植民地住民以下とされた。

ヘーゲルが「万民が奴隷の社会だった」と分類するのも、西洋の哲学者から見た東洋社会の奴隷制からくるのだろうか。中華人民共和国の国歌に当たる「義勇軍進行曲」は、冒頭から「奴隷になりたくない人民よ、起ち上がれ！」と勇ましく呼びかけても、ノーベル平和賞受賞者の劉暁波によれば、教育が高ければ高いほど奴隷になるらしい。

中国人学者も文化人も、奴隷にならなければ生きていけないから社会主義社会制度は「新しい奴隷制度」と呼ばれるのだ。いかに「人類の解放」が難しいかということを革命後の社会づくりの結果が如実に物語っている。

奴隷を嫌い、奴隷が存在しえない日本人が世界史に登場してから、人類史の変化の歩みを見ると、最大の歴史貢献はやはり奴隷制度拡大の阻止だろう。そのうちもっとも大きな貢献は朝鮮の奴隷を解放したことである。

私はそれをリンカーン以上の奴隷解放と説く。その徹底ぶりと成果、そして朝鮮半島のいかなるものであろうと、それまで絶対に成し遂げることができなかったからだ。まさに、ありえない歴史貢献だったと言ってもよい。

李朝の五百余年史は両班貴族と良民、常民、賤民などの階級制度を時代とともに強化していくのは、自然環境と社会環境の劣化という背景がある。アジアの中では、きわめて極端にして最悪な奴隷制度だった。上部構造が儒教思想でも下部構造はインドのカースト制以上に過酷な奴隷支配である。インドのカースト制は異民族との棲み分けであるのに対し、両班は直接の奴婢使役だった。

たいてい奴隷の出所は戦争の敗戦国からだった。それが通常であるが、朝鮮人は戦争のたびに必ずと言っていいほど負ける。胡乱の際、満蒙八旗軍に人口の約半分が北方へ連行

化に成功する。台湾もそうだったが、日本列島と琉球諸島は植民地にはならなかった。その理由は一体何だろうか。

日本がなぜ植民地にならなかったのか——。日本人は国を守る対応力と国力がある。隣国の中国・韓国と歴史的に比べても、すぐに類推できることだ。数千年来の歴史を見ると、なぜ数が圧倒的多数の漢人が、いつも北方の遊牧民に征服され、植民地支配を受けたのか。その上、奴隷になってもとても喜ぶ、と近代文学の父、魯迅が言っている。その長い歴史を分析すれば、日本人との違いを知ることができるだろう。

まず力からみて、総合力を長い歴史の中で科学的、計数的分析をしなくても、たいてい農耕民の漢人は北方遊牧民には一〇対一でも勝てない。それは騎馬民族と農耕民族とのスピードの違いと食糧・兵糧問題にあることは、すでにかなり古代からわかっていたようである。

戦国七雄の一つである趙武霊王[19]の「胡服騎射[20]」という軍制改革をめぐって、王と群臣との間の論争を読むと、かなり理性的であり、文化や歴史伝統にはこだわらないことがわかる。北方の騎兵は群を抜いて強いので、歴代王朝は北方民族の騎兵を傭兵として採用することも多かった。

たとえば、満州騎兵についての俗諺に「万を満つれば天下無敵」というのがある。農耕民は一〇対一でも勝てないので、すぐに屈服して被征服民にならざるをえないからあきらめも早いというわけだ。

モンゴル人の大元、満州人の大清などの中国征服をみると、初めはまったく無抵抗ではなかったが、もう勝てないとあきらめたら競って屈服し、あっという間に北から南まで「順民」として「熱烈歓迎」に一変する。

しかも、異民族に支配されるよりも同一民族に統治されたことにしたい、という儒学者（たとえば王夫之）の主張もあったが、そうとはかぎらない。契丹人の遼や女真人の金の時代に、北方の漢人が、同じ漢人の王朝宋よりも、異民族の民になりたかった。モンゴル人の大元や満州人の大清の時代は、漢人はやはり異民族の順民になりたがったのが少なくなかった。漢人の明の時代になると、胡語、胡服などの禁止策をとらざるをえないのは、漢人の異民族への「胡化」を断たざるをえないからだ。統治者をすぐに自分の祖先だと主張する。順治帝の祖父、アイシンカクラ・ヌルハチが清の太祖となり、フビライ・ハーンの祖父ジンギス・ハーンも元の太祖とされ、「黄帝の二十四子の子孫だ」と漢族の祖先だと言い張る。

奴隷になりたがるのも漢民族の民族性かもしれない。そこが日本人とはかなり違うところである。契丹人の遼が宋と盟約を結んだ後、北方に撤退しようとしたところ、統治下の多くの漢族が契丹人について行ったのもその一例だ。

個人主義で、しかも保身が強いので奴隷になりたがるのだろう。だから、すぐに夷狄に征服され、「順民」と掲げて統治される。もちろん、韓国人はそれ以上だ。事大が歴史の掟となり、人類史上もっとも牢固たる奴隷社会の典型となった。

だから神代からの民、日本人のメンタリティや行動、対応力とは異なる。中国も韓国もたいてい非常時になると皇帝や国王がまっ先に逃げてしまうのが常だ。しかし、日本人の対応はまったく違う。

元寇襲来時の全国武士の抗戦ぶりや戦国時代から江戸時代にかけてのバテレンの日本植民化への対処法、あるいは黒船来航に際しての日本人の危機意識と対応力を振り返ってもらいたい。また、アヘン戦争後の反応と対応、そして心意気も日本と清国ではまったく異なる。日本は「開国維新」で列強の植民地になることを拒絶したのだ。日本人が、いかに被征服民になるのを嫌がっていたかがよくわかるだろう。

清国のホームランドは満州である。日清戦争後、日本が下関条約で遼東半島の割譲を受けたが、「三国干渉によって「待った!」をかけられたのは、遼東半島が満州、つまりホームランドの一部だったこともある。アヘン戦争後、清はほとんど戦争に勝ったことがなかった。しかし、失った領土は、中国征服後に手に入れたものだから、飲み込んだものを吐き出しただけである。

さて、民国以降の中国では内戦が続き、民衆は戦禍に疲れ果てる毎日である。しかし、戦禍とは無縁の場所があった。北京、上海、広州といった中国大陸の各大都市に設けられた租界である。中国人にとっては別天地、駆け込み寺だった。まさにユートピアだった。だから中国人最大の夢は、家族とともに租界に暮らすことだった。

一九世紀には、すでにロシア、イギリス、フランスが清での勢力範囲を決めていた。しかし、日露戦争が中国植民地化を救うことになる。日露戦争後、ロシアや西洋列強の勢力が東亜から後退せざるをえなくなったからだ。

日本の世界史への登場がもたらした地球史規模の力学関係の変化は、日本の植民地化からの回避だけではなかった。力学の視点から、日清、北清、日露の三つの戦争が植民地化を阻止した力となる。しかし、アメリカの独立後から大英帝国の力が徐々に衰退していたことは否定できない。太平洋をアメリカのシー・パワーにゆずらざるをえなくなる。

この力関係の変化が清の分割まで阻止した。東洋での列強の勢力は東南アジアを守ることにまわったわけである。もちろん、西洋諸勢力の内部もパックス・ブリタニカに対抗する仏独が生まれ、やがて社会主義の世界革命勢力が登場することになった。

白禍と黄禍との対立も激化し、二〇世紀に入ってから国際力学の変化が見えただけでなく、日本内部の世界変動への対応勢力も交替することになる。西風東漸、西力東来後の一九世紀末になると、江戸幕府の対応力もかなり低下した。倒幕派と佐幕派の勢力が拮抗しながら最後に尊皇攘夷に一本化した。

日本史にも「万邦無比」の一つの特質がある。それは神代と歴史との連続性である。戦後は一時、「騎馬民族征服説」が流行ったこともあり、「天皇は韓国人」というウリジナルもあった。が、ほとんど何の根拠もなく、一家言さえならなかった。単なる異説のみに止まっている。

神話が歴史とつながっているということは、大和民族は異民族に征服をされなかった証左である。征服されていたら、言うまでもなく「万世一系」がなくなり、中国のように「易姓革命」や「易族革命」となる。

いったん征服されたら民族性も変わってしまう。また、弱者の論理が定着し、ニーチェが言うところのルサンチマンから、恨みつらみが増殖する。嘘つき、ホラ吹き、裏切りといった中国人と韓国人の性格はそこから生まれるものだ。

西洋植民地の征服者は、本国からの兵士よりも傭兵が主力である。江戸時代は徳川の幕藩体制だったが、戦国時代の武士は諸藩の武装勢力だったので、西洋諸国の傭兵になる可能性はゼロに近かった。脱藩した武士は、西洋の傭兵ではなく、尊皇攘夷の志士に代わったのである。

しかし、アフリカから中近東、インド、東南アジアにいたるまで土藩国の諸勢力が対立し、西洋諸国の傭兵を提供する無尽蔵の予備軍の基地となっていた。日本を脅かす勢力は、西南からだけでなく、北のロシアからもさらに地球一周の西力（米力）、東の太平洋からも渡ってきた。日本は海からの危機感が強くなるにつれて幕臣の家老からでなく、維新の新しい世代に対応を任せた。そこが日本の強靭な対応力だろうか。

米中韓の反日史観に勝利するための歴史戦争論

大航海時代から地球的規模で大きな変化があった。地球空間的に縮小しつつある時代に入り、海でも陸でも列強が領土大拡張に乗り出す時代であった。唯一例外なのは、日本の鎖国である。そんな極東の島国と地政学的にも歴史幾何学的にも似た国があった。ユーラシア極西の島国、イギリスである。一体、どんな類似点があるのだろうか。

まず地政学的に、両国とも海洋国家というだけではない。イギリスはゲルマン系のアングロ・サクソン人がケルト系のウェールズ、スコットランド、アイルランドを糾合して連合王国をつくった。そして「パックス・ブリタニカ」と呼ばれる大英帝国にまで発展する。

一方、日本も琉球、台湾、朝鮮を統合して大日本帝国まで成長した。

もちろん、両国には異なることも少なくない。たとえば、日本は「万世一系」の天皇の国であるだけでなく、神代から今日に至るまでの国家である。イギリスは近代国民国家の元祖でもあっても、近代国民国家の条件としては、文化・文明から見て、日本はむしろイギリス以上に健全にして安定した社会であった。

日英の違いはもう一つある。日本は第二次大戦の敗戦国だったが、連合国の主要メンバーだったイギリスは戦勝国になった。このことは歴史の歩みからすると、かなり大きな違いである。

二〇世紀は「革命の世紀」であると同時に「戦争の世紀」とも言われた。革命が成功すれば体制が倒される。つまり、「旧体制が崩壊する世紀」でもあった。それは数字だけを見ても一目瞭然だろう。

第二次世界大戦後に近代国民国家は六〇カ国前後しかなかったのに、二〇世紀末には二〇〇カ国前後まで増えている。ほとんどが超大国や旧体制が瓦解したところから生まれた「新興国家」だ。その一方で、満州国のように消滅した国家もあるし、タスマニア人のように消え去る民族もいる。

「戦争の世紀」は二〇世紀だけではない。一九世紀の大きな内戦というと、たとえば、清朝の太平天国の乱やイスラム教徒の乱（回乱）が歴史上有名だ。人口が五分の一や一〇分の一まで消えていった。対外戦争としては、アヘン戦争、清仏、日清戦争が有名である。

もちろん、一九世紀の列強時代には戦争様式や質的な変化も見られるようになった。没落する雄邦も新興の国家も対峙・対決が避けられないのは、万国対峙、弱肉強食の時代だったからである。

具体的に言えば、いくら民族が勇敢でも、兵器の発展、軍隊組織や戦争様式の変化によって戦争の性格も変わってくる。中国の戦史だけを見ても、二〇世紀に入ると、ほとんど近代戦が不可能になった。その代わり、たいてい代理戦争の性格を強めていく。

たとえば、一九一一年の辛亥革命は、日独の代理戦争の様相を呈していた。一九四〇年代に南京、重慶、延安の三政府が展開した「新三国志演義」は、日米ソの代理戦争であるのは間違いない。

その後、ことに戦後の国共内戦から朝鮮戦争、ベトナム戦争は、米ソの代理戦争の性格が著しく、いつしか国家・民族の「横」の戦争から、その内部のイデオロギーをめぐる「縦」の階級闘争に変貌していった。そして、「熱戦」から「冷戦」の時代へと変わっていく。冷戦終結後も紛争がなくなるどころか世界各地でなお戦いが繰り広げられている。テロやサイバー・ウォーも着実に進行中である。

日清、北清、日露、日中から大東亜戦争、日米戦争だけの戦争史を見ても、すべての元凶を日本一国のみに押し付けることはできない。世界史的視座によれば一九世紀の近現代戦争から、人類の戦争にはそれなりの歴史背景と時代の条件がある。ことに文化・文明の異なる歴史の歩みから勃発した戦争の様式と因果については、私が著した日中比較文明の第一巻にあたる『戦争の歴史 日本と中国』（WAC）に詳しい。

グローバルな視点から見れば、近現代史をめぐる「熱戦」と「冷戦」の中で、日本は石原莞爾が論じた世界最終戦争・日米戦争に敗北し、大日本帝国の遺産は日本列島のみに残った。

しかし、一九世紀末から一貫して「大戦」を戦ってきた「小日本」には、西洋だけでなく、東洋でずっと天朝朝貢冊封秩序を主宰してきた「王朝の中国」も度肝を抜かれたことだろう。「小日本」と蔑視されている日本だが、その民族の勇気と聡明さ、そして気概ほど、東洋の国々にとっても西洋の国々にとっても恐ろしいものはない。

戦争は決してハードウェア面だけではなく、ソフトウェア面も忘れてはならない。日本のソフトウェアは、東洋にも西洋にも脅威である。日本人は「歴史戦争は戦後から始まる」という国際常識を知るべきである。

戦後日本の歴史戦争は二つの段階に区分けすることができるだろう。緒戦の第一段階は、アメリカから押し付けられた戦勝国の「歴史認識」、東京裁判史観がその代表的なものだ。「すべての戦争の元凶は日本にある」との勝手な解釈だ。

そして、もう一つはコミンテルンの影響下で育てられた革命勢力である。戦後、「世界革命、人類解放」という掛け声の下で左翼政党、文化人、学者を主力とする「日本人民民主主義共和国」革命は失敗した。

しかし彼らは、教育、マスメディアを牛耳り、コミンテルン史観と史説の支配下で、今も歴史・思想・イデオロギー戦争を展開し続けているのだ。それは、いわゆる「反日日本人」を主役とする日本の「歴史内戦」の七〇年ともいえる。自称「市民」も「歴史内戦」の隠れた先兵である。「市民運動」と「平和運動」ほど胡散臭いものはない。

こうした「反日日本人」の主な手段と目標は、いわゆる普遍的な価値であり、日本の伝統的文化と精神、そして国家の否定と消滅である。その「理論」も、じつに巧妙な「こじつけ」としか言いようがない。

マルクス主義の優越性との資本主義の問題点・欠点など、マルクス主義の理想と資本主義の現実を比較しながら、彼らは人々にユートピアを語る。もちろん、成果も多々あるだろう。

たとえば、多くの政治家や文化人言論人が洗脳されシンパとなる。「国民」という言葉

の中で東欧までをドイツの生存圏とした。

3牡丹社事件　一八七一年一〇月、宮古島の船が台風で遭難し、台湾南部に漂着。そのさい、先住民により乗員のうち五四人が斬首された事件。台湾征伐のきっかけをつくった。

4拝上帝会　太平天国の前身。洪秀全をリーダーとし、信者は約一万人。

5章炳麟　清末民初の学者。一八六九～一九三六。清朝打倒の革命論を主張。

6後金国　一七世紀前半の満州人（女真人）の国。清の前身。

7中原大戦　一九三〇年、国民党内の反蒋派が蒋介石に対して反旗を翻した内戦。

8七七事変　一九三七年七月七日に起きたので、中国ではこう呼ぶ。

9張作霖　馬賊出身の軍閥。一八七五～一九二八。搭乗していた列車を「関東軍」（？）に爆破され、死亡。

10バターン死の行進　一九四二年四月、フィリピン・ルソン島で降伏した米・比兵七万人の捕虜を収容所まで炎天下八〇キロを行進させ、一万人以上が死亡した事件。戦後、フィリピン司令官本間雅晴中将は責任を問われ処刑された。

11チャンドラ・ボース　インドの独立運動家。一八九七～一九四五。日本の協力をえて、インドの武力解放をめざした。

12汪兆銘　国民党指導者の一人。一八八三～一九四四。南京国民政府の主席。

13孫立人　中華民国軍人。一八九九～一九九〇。一九五五年失脚。八八年まで自宅軟禁されていた。

14スチルウェル　陸軍大将。一八八三～一九四六。第二次大戦では中国戦線を担当。

15陳其美　一八七八～一九一六。四大家族の陳果夫、陳立夫（ＣＣ団＝有明な特務組織）の叔父にあたる。

16黄埔軍官学校　国民党が広州の黄埔に設立した陸軍士官学校。周恩来や毛沢東も奉職していたことで知られる。

17カイロ会談　一九四三年一一月、カイロにてルーズベルト、チャーチル、蔣介石の三者が開いた会談。領土についての対日基本方針が決められ、カイロ公報が出された。
18弥助　生没年不詳。モザンビーク出身。イタリア人宣教師ヴァリニャーノが奴隷としてつれてきたのを信長が気に入り、臣下とする。本能寺の変では明智軍に捕まるが助命され、南蛮寺に送られる。その後の消息は不明。
19趙武霊王　趙の君主。在位ＢＣ三二六〜二九八。趙を軍事強国にした。
20胡服騎射　ＢＣ三〇七年、それまでの戦車戦法を捨てて、遊牧民族の馬に乗り弓を射る戦法に切り替えた。

第四章

二一世紀の日本の国のかたち

戦争がなくならない時代に耐える戦略論とは

日清戦争の際、海も陸も日本が大勝した。日本の軍部は大勝に乗じて、一気に北京まで城下の盟を結ぶことを望んだ。しかし、伊藤博文首相はそんなバカな戦略を退けた。なぜ伊藤公が北京に攻め入ることに反対したのだろうか。

もし清の都に攻め入り、万が一に清が崩壊でもしたら必ず天下大乱に陥り、「城下の盟」を結ぶ相手がいなくなってしまう。そうなると、かえって日本が大変なことになると危惧したのである。「勝つのは、ほどほどがよい」という考えである。

相手を追い詰めすぎると「窮鼠猫を噛む」ので、やはり「敵には退路を必ず一つ開けてやる」ことが大事だ。台湾の李登輝元総統も同じ考え方だ。要するに「相手を追い詰めすぎるといけない」ということである。伊藤博文の戦争観は近現代にも通用する。いや、もっと先の時代でも通用するかもしれない。

日中戦争当時を振り返ってみよう。中国を相手にする戦争では、政府や武装勢力があまりにも多すぎた。結局、近衛文麿首相が昭和一三（一九三八）年一月、「国民政府を相手にせず」という声明まで出し、蔣介石との和平交渉の打ち切りを宣言したほどである。

実際、同じ国府内部で内ゲバはあったし、また国府以外でも複数の政府が暗躍していたので、戦争相手は一体誰なのか、不明確であった。つまり、混沌としていたのである。アメリカの対イラク戦争でも同様のことが起きている。サダム・フセインの政権がアメリカによって倒された後、「イスラム国」のような武装組織があちこちで蜂起した。アメリカ軍もこのような戦局にどう対処すればよいのか困惑したのは言うまでもないだろう。アフガニスタンの事情も同じで、民国時代の中国も北京・南京両政府の統一後、国民党内さえ、政府乱立した。しかもどの政府も唯一中国人民を代表すると主張するからこまる。

国家対国家の戦争の場合だと、相手がはっきりしているので片付けやすい。しかし、対ゲリラ戦となると、群雄割拠のカオス状態になってしまうことが多いのでかなり厄介だ。

中国三千年史を見ると、やはり農耕民の兵士は遊牧民にはかなわない。一〇対一でもなかなか勝てなかった。たとえ「皇帝の親征」であっても勝てないのである。漢の高祖が匈奴親征したときも、明の英宗がタタール親征したときも、五〇万の大軍がわずかな兵力のオイラート軍に敗れ、皇帝まで捕虜になって連れ去られた。有名な「土木の変」[1]である。

一七世紀から一八世紀にかけて「満蒙八旗軍」は「万を満つれば天下無敵」だから、後金国の開祖であるアイシンカクラ・ヌルハチ以降、六代約二〇〇年だけで東アジアをことごとく征服し、明時代の三倍も版図を拡大した。

弱いか強いかは精神文化や生活様式と関係が深い。日中戦争では、支那兵は日本兵の一〇倍いても勝てなかった。アヘン戦争を見ても、いくら戦場で数百名の支那兵がトキの声を轟かせても、たった一人のイギリス兵に勝てなかった。

だから、兵力の数だけをいくら計算しても無駄である。いざ戦争となると、決して数だけで勝つとは限らないのだ。と言っても「人海戦術」や「大兵主義」を否定するものではない。戦争というのは、その時、その場で必要不可欠な要素が出てくるものだ。また不可知な要素もある。

だから、さまざまな兵法書や「戦争論」が登場するのだろう。中国ではすでに春秋戦国時代かそれ以前に幾多の兵法書が生み出された。「孫呉兵法」を含む、いわゆる「兵法（武経）七書」が古来から有名である。しかし日本では、それから約二〇〇〇年も経ってから、やっと『甲陽軍鑑』[2]や『五輪書』などの兵法関連書が出た。

兵法書の出るのが早いか遅いかでも、その国の文化風土や社会の仕組みがわかるものである。ハーバード大学教授だった中国学者のジョン・キング・フェアバンク（一九〇七～一九九一）は、中国人の思考は日常生活でも大半が戦略的だ、と指摘した。中国人のものの考え方と見方をずばり見抜いているではないか。

さて、兵法書以上に総括的な戦略・戦術、政略論は、レーニンや毛沢東の戦略論以外にはクラウゼヴィッツ[3]の『戦争論』が有名だ。近代日本も「私の戦争論」と称するものが出ている。古代中国は『韓非子』から『戦国策』まで、西洋ではマキャベリの『政略論』からマッキンダー[4]の『地政学』などが有名で、今でも通用するものが少なくない。

では、従来の「兵法」「戦争論」「政略論」は第二次大戦後まで有効だったのだろうか。そのことについて若干触れたい。唐以前の中国歴代王朝では『孫子』『呉子』『尉繚子《うつりょうし》』[5]『六韜《りくとう》』[6]『三略』[7]『司馬法』[8]『李衛公問対』[9]の「兵法七書」をはじめとする中国の兵書と多くの史書などは本来輸出禁止のものだった。

夷狄がそれらの書物から学び、その力を中国以上に発揮することを恐れていたからである。しかし、唐以後から中国の天下大乱が時代とともにカオス状態になり、契丹人、女真人、モンゴル人にまで中国が支配・君臨されるようになった。

こうして兵法をはじめとする古文古典が外に流出したのである。ことに日本人が愛読するようになった。そもそも日本人は神代から「純と誠」を心の柱としてきたが、中国からもたらされた書物で、日本人とはまったく心の違う民族が存在することを知った。江戸時代の国学者たちが指摘したように、「漢意（唐心）」と「和魂（和心）」の違いである。

もちろん有史以来、どの国でも平時と戦時では倫理・道徳観が違う。戦時になれば「戦争に勝つこと」が道徳の根本となるのが普通だ。だから、宗教的には「聖戦」「義戦」論が出てくる。

「勝てば官軍、負ければ賊軍」という考えは、列強の時代になると、「正戦」論にもなった。そして、戦争の原理として「勝者が敗者を裁く」ことが国際力学の原理となったのである。その原理を第二次大戦後に「平和の原理」として受け入れたのが日本の文化人、ことに進歩的文化人である。己を断罪する自虐の史観、自虐の戦争観を喜んで受け入れたのだ。

レーニンに始まる共産主義の戦争論は、階級分析に基づいて「正義の戦争」と「不義の戦争」に二分している。毛沢東は、レーニンからスターリンまでの戦争観を受け継いだ。人民解放戦争を「義戦」と論じ、国共内戦を勝ち抜いた毛沢東は「人民共和国建国の父」となる。文化大革命時、中国を訪問したアルバニアの軍事代表団に毛沢東が自慢げに告白した。「中国人は平和を愛する民族という人がいるが実際は違う。中国人は戦争が大好きなのだ。そういう私が他ならぬその一人である」。

毛沢東がそう告白したにもかかわらず、日本の平和主義者は、毛を「平和主義の聖者」と呼んではばからなかった。日本の代表的な平和主義者の一人、田畑忍（元同志社大学学長）もその一人である。

田畑はその著書『近現代世界の平和思想』の中で、レーニンを反戦主義者のヒューマニストともち上げただけでなく、毛沢東まで「レーニンの戦争否定論を発展させた」と誉めちぎった。さらに「永久平和実現のために必要不可欠な戦争とは革命戦争であり、民族解放戦争である」とし、毛沢東の「戦争論」を平和主義の論理として賛美した。

そして、孔子の提唱した「仁」が、毛沢東の「矛盾論」の基礎になっているとゴマをすり、レーニンと毛沢東をマルキシズム的平和論の完成者に仕立て上げた。じつに滑稽きわまりない。読んでいるだけで恥ずかしくなってしまう。まさに笑止千万である。

「戦争と平和」については、人類の有史以来、ずっと論議されてきたが、それでも戦争はなくならない。戦争を正義と不義に区別する考え方もある。たとえば、「アメリカの核は汚い核だが、中国の核はきれいな核だ」という中国の論調だ。中国の核開発は、あくまでも「平和のための核」だから「核をもって核を制する」というわけである。

そして、「核を使用した先制攻撃はしない」という原則を掲げながら、中国は「もし台湾が中国の平和解放を受け入れないなら、核不先制攻撃の原則を適応外にするぞ！」と恫喝する。このように「正義」「不義」「道義」の戦争観が存在するかぎり、戦争はなくならないだろう。

一国平和主義が戦争を誘発させる

いわゆる「イスラム国」による日本人人質事件をきっかけに、日本のマスメディアはテロとどのように対処すべきかに関心が高まり、議論が沸騰した。そんな中でやや違和感を覚えたのは、安倍晋三首相のエジプト・カイロでの「人道支援」演説が最悪の結果を招く原因となったという一部識者の声である。要するに、安倍首相が元凶なので、首相を辞任する以外に解決策がないという声まであった。

一時的に声を潜めた「一国平和主義」の隠れキリシタンが、またもや頭をもたげ、安倍首相の「積極的平和主義」まで皮肉り、嫌味まで口にする。一国平和主義が絶対に可能だと思い込む御仁は、一体「平和とはなんぞや」と沈思熟考したことがあるのかと問いたい。

平和については、さまざまな意味内容があり、「主人の平和」もあれば、「奴隷の平和」もある。一国平和主義や念仏平和主義と言われるものであっても、「覇者の平和」とされるパックス・ロマーナ、パックス・ブリタニカやパックス・アメリカーナの一極のみの時代でも、はたして平和が訪れたのだろうか。

古代からの「平和論」は別として、近代以降、ヨーロッパ史から世界史にいたるまで、エラスムス[10]をはじめ、カント、モンテスキュー、ヘーゲル、ベンサム、エンゲルス、トルストイ、ガンジー、シュバイツアー、アインシュタイン、ソロモン[11]、ラッセルら有名な平和論者や運動家を輩出しているが、それでも平和は人類の夢とともに訪れたのかどうか。戦争とは正邪ではなく、その合理性から国際法的、国際力学的に戦争と平和を熱望しても、また論究しても、いくら国家の理性に訴えたとしても、非戦、不戦の恒久平和論まで人智をしぼり尽くしても戦争はなくならない。

徳富蘇峰がロシアの文豪トルストイを訪ねたときの面白いエピソードがある。「トルストイ翁を訪ふ」という蘇峰の一文を見てみよう。トルストイを訪ねたとき、蘇峰は三二歳だった。会話は英語である。

トルストイは蘇峰に向かって、「キリスト教と愛国心は両立しないし、人道主義と愛国心も両立しない」と説き、「なぜ日本がヨーロッパの真似をして軍備増強するのか」と嘆いたという。

平和主義の聖人に近いトルストイは、蘇峰に平和を語り、兵役を拒否することが人生の義務の一つと説いた。このときトルストイの次男夫婦が同席していた。なんと次男は軍服を着て、腰にはサーベルまで吊っているではないか。帝政ロシアのれっきとした士官だった。蘇峰はすかさず、トルストイの言行不一致を突いたという。「口で言うのは容易いが、行うのは難しい」とはこのことだろうか。

では、なぜ戦争をなくすのは難しいのだろうか。日本でもっとも代表的な平和主義者に「イスラム国」の支配地域まで行ってもらおう。そして、「頼むからジハード（聖戦）もテロも止めてくれ！」「捕えている人質を全員解放しろ！」と叫んでもらいたい。そんなことを実行できる平和主義者がいたら、ぜひお目にかかりたいものだ。

私は一九七〇年代に、東京で台湾出身の小説家、楊逵《ようき》[12]と会ったことがある。言語学者の王育徳[13]博士からぜひいっしょにと会ったのだった。楊は戦前、日本大学で学んだが、さまざまな反日活動で数回警察に拘留されたことがある。日本留学から台湾に戻った楊は一九三二年、日本語の小説「新聞配達夫」を発表した。

戦後、楊は香港の新聞「大公報」に国共内戦を止めるよう「平和」を呼びかけた論文を寄稿した。この論文で国民政府から敵の「同路人（仲間）」とみなされ、有罪判決を受ける。懲役一二年だった。

戦前には、いくら反日運動をしても、せいぜい数回の検挙である。総計しても拘留期間は一週間にも満たなかった。しかし、中華民国政府は日本とは違って厳しかった。論文一本で一二年も自由を束縛されたのだ。

それでも一二年の禁固刑はまだマシなほうである。中国では「平和」を口にしただけで、暗殺か虐殺は避けられない。宋の秦檜《しんかい》[14]や民国の汪兆銘のように、「漢奸《かんかん》」とされるのがオチである。国の「かたち」が違えば文化も社会も考えまでが違うのだ。私の「平和学講座」は次の一六カ条を「学則」として取り上げ、教えている。

①日本国憲法前文にある「平和を愛する諸国民の公正と信義に信頼して」との謳い文句は、誤った現状認識に基づいていた。本来ならばこの憲法は、世界平和を希求する基本精神からして、近隣諸国に戦争放棄を求めるものでなければならなかったはずだが、一切そうしていない。つまり、所詮この憲法は矛盾だらけ、欠陥だらけ、弊害だらけの代物だったということだ。

②万国が平和を望んでいるとしても、そのうち一国だけでもその気がなければ、それだけで平和を保つことはできない。

③平和運動は、日本にとっては目に見えない最大の脅威だ。第二次世界大戦は平和運動によって引き起こされている。人類史を見るかぎり、平和運動こそ戦争の誘因にもっともなり得るものなのである。

④平和運動で平和が守れるのであれば、台湾人やチベット人といった、常に戦争の脅威、亡国の危機にさらされ、あるいは自由、人権、尊厳が蹂躙され、またはその危機に直面

している人々は、日本人以上に熱心に運動を起こしているはずだ。

⑤「平和」は他者に言わせるべきものであり、自分の口から言うものではない。たとえば「戦争放棄」や「軍備撤廃」は、戦勝国が敗戦国に強要するものである。覇権国家が他国に対して平和運動をそそのかすのは、それはそれでその国の重要な「平和戦略」である。

⑥人類史は、平和を叫ぶ者は敵の最良のカモとなるということを教えてくれている。だから、日本における無抵抗平和主義は、日本革命なり日本弱体化の奸計と見るべきだ。結果的には侵略者の野望を助長するだけの偽善以外の何物でもない。

⑦人類はいまだ平和を守る知恵を生み出していない。そうした中での非戦、不戦、反戦の主張は単に臆病にして無責任な人々の共同幻想に過ぎない。国民国家時代において、その時代の倫理を超える平和論など、まったくの幻想なのだ。

⑧日本人の平和運動は、あくまでも平和国家に対するもので、戦争国家や革命を目指す集団にはまったく無力だった。反戦運動なら日本人は本来、北京や平壌でやるべきものなのである。平和国家や安全地帯での犬の遠吠えなど、結局は一種の道楽なのだ。しかも、唱えているのが中国や北朝鮮側に立った「侵略者の平和」なのだから、じつに悪質きわまりない。

⑨平和主義者の主張は生存権の放棄を前提としている。だから彼らが唱える平和は、せい

ぜい「奴隷の平和」である。もし戦争で負ければ、待っているものは「亡国奴隷の平和」だけだ。

⑩平和主義がはびこれば、無責任の風潮が横行することになり、やがて国は滅びることになろう。日本の平和主義者は敵と味方の識別がほとんどできない。だから隣国で行われている自国民虐殺、人権蹂躙、圧政、悪政がもたらす飢餓等々に対しても「対岸の火事」を平然と決め込むことができるのだ。

⑪平和への努力は、戦争を遂行する以上にエネルギーを必要とするものである。だから主張や運動だけでは平和など得ることなどできないのだ。戦争もまた、人間の意志だけで終結させることはできない。

⑫不可侵条約はすべて戦争のためにある。それは近現代史の鉄則とも言える。

⑬侵略と戦争こそ人類の歴史である。「人民こそ歴史を創造する」という狂言は、何の歴史的根拠もない。

⑭戦争論は平和論と背中合わせである。戦争の備えがなければ平和は無力である。

⑮貧窮や不平等だけが戦争の原因ではない。それは中国軍のチベット侵攻、印パ戦争、イラン・イラク戦争、イラクのクウェート侵攻などを見ればわかる。これらはすべて各国が国益を追求して行ったものだった。

⑯現在の日中関係を見るかぎり「構造的暴力」に近い、中国側の「構造的圧力」がいつでも存在している。日本は中国の「戦略的属国」になっているとまでは言えなくても、少なくとも両国はいわゆる「特殊な国と国との関係」にある。これをどうして「日中平和友好関係」と言えるのか。

日本人の国を愛する心、そして伝統的な文化・精神を愛する心を奪ったものは、ほかならぬこのような偽善的平和市民運動なのである。

憲法第九条の「戦争放棄」は世界では珍しくない

文化・文明の違いだけでなく、国の「かたち」が違えば、ものの考え方も見方も違い、価値観まで違う。それはごく当たり前のことだ。「戦争と平和」観が違うのもその一つである。

かつて日本の文化人は、支那や朝鮮を「一衣帯水《いちいたいすい》」（一筋の帯のように狭い川。隔たりがなく近いことの意）「同文同種《どうぶんどうしゅ》」（使用する文字が同一で、人種も同類である意）「同俗同州」として、アイデンティティまで共有したという思い込みがある。第二次大戦後には、日本国憲法の前文に「平和を愛する諸国民の公正と信義に信頼して」と日本人が勝手に思い込み、明文化までしている。しかし、いくら近隣諸国を一方的に信頼しても、「平和」の共存共栄と共生を守っていくのは至難の業である。片方のみの思い込みや努力だけではできないことであろう。

日本人にとって「万邦無比」というのは、決して「万世一系の天皇」だけではない。長期安定の可能な平和社会を守ってきたこともその中に含まれる。平安約三九〇年、江戸二六〇余年の平和を保った。もっと過去をさかのぼれば、縄文時代は万年以上のスパンがあり、しかも戦争の形跡はない。

それは社会の仕組みからくるものとして、私は考察・論究したことがある。それは誰それの聖賢の努力や、もちろん「憲法九条」があったからでもない。日本の文化・文明から生まれた社会の仕組みの歴史所産であり万邦無比のことだ。隣国では戦争のない年はない。「戦争国家の中国」と日本とでは社会の仕組みがまったく違うからである。

「平和」を享受できる社会は、決して人間の決意や決心、あるいは決死の覚悟で守れるものではない。「平和主義者」と言われる人たちは、たいていどこかの国のエージェントや「好戦主義者」や「聖戦主義者」の格好のカモ、餌食になるのがオチだ。

たとえば、『西洋の没落』で知られるドイツの文明論者、オスヴァルト・シュペングラー[15]は、「世界平和は大多数の人々が抱く私的な戦争放棄ということを含むとともに、戦争を放棄しない他国の餌食になる用意もその中に含まれている。また平和主義とは、生来の非平和主義者に支配を任せることになる。しかし、現実の歴史には、いかなる和解も存在しない。平和主義はただの現実逃避と自己欺瞞にすぎない」と喝破している。

実際、歴史を見ると、平和とは戦争相手を騙す戦略・戦術でもある。人類が有史以来、経験してきた戦争と平和についてのさまざまな英知と愚行の数々は、童話や寓話、そして戦略訓などの中にも多く残されている。

たとえば、中国の戦国時代に魏の将軍、公子昂[16]が秦の将である衛鞅《えいおう》[17]の「和議の策」に騙され大敗した。この教訓だけではない。楚の懐王[18]も秦の「平和の罠」に二度もはまって、秦の囚人になっている。つまり、お人好しの王だった。

日本人もお人好しとして世界に知られている。いいカモだから何回騙されても、また騙される。日本人を見たら、それこそカモがネギを背負っているようにも見られるのだ。しかし日本の平和主義者や活動家は、カモというよりも「平和戦略の先兵」が多い。

日本本土が活動の舞台にならないとわかると、今では沖縄が活動家の吹き溜まりとなった。米軍基地反対を大義名分にして活動に余念がない。最後のあがきのような感じを受けるのは私だけであろうか。

早くも戦後七〇年になろうとしている。世の中も変わりつつある。変わらないのは、むしろ異常とさえ思われる。その一例として中国の変遷を挙げてみよう。

中国はすでに社会主義から権貴資本主義へと国体・政体までが変わった。「海洋強国」を目指すと国策国是も変わり、空母を建造し、宇宙戦争まで用意している。実際にサイバー戦争も進行中だ。そして唐突にも尖閣は中国固有の領土と主張を始めた。

そのような国際環境の変化に目も向けない「憲法九条」の信者は、いつしかカルト集団と化したようである。その信仰心は、じつに恐ろしい。恐ろしいというのは、彼らは専制国家の圧制や恐怖を助長し、専制国家に荷担しているからである。

にもかかわらず、このカルト集団はバカの一つ覚えのように「憲法九条＝平和」の呪文を唱え、「平和憲法を世界に」と世界各国にもアピールし、さらに広めようとしているのだ。言霊信仰にも似ている。「聖戦」のレベルまで高揚するのではないかと考えると、背筋が寒くなってしまう。だから、じつに恐ろしいのである。

憲法学者の西修駒大名誉教授によれば、世界の成典化された憲法一八〇のうち平和主義条項が記入されているのは一四八カ国、つまり全体の八二・二％にいたっているという。面白いことに、一九九七年の段階で、なんと一二四カ国が日本国憲法と同じく「戦争放棄」を規定しているのだ。

ちなみに、フランスが一七九一年に制定した憲法では、すでに戦争放棄を定めている。一八九一年に制定されたブラジル憲法、一九一一年のポルトガル憲法、一九一七年のウルグアイ憲法もフランス憲法と同様である。これで驚くのはまだ早い。

イタリア、ハンガリー、エクアドルなどの憲法は、日本の九条と同様の規定がある他、さらに国際社会への平和貢献も明らかにしている。しかし日本国憲法では、一国平和主義しか認めていない。あまりにも空想的な「念仏平和主義」である。日本国憲法の目的は一体どこにあるのだろうか。どこが日本が世界に唯一誇れる憲法なのか。もう一度考えてみる必要がありそうだ。

いずれにしても、日本国憲法が世界に貢献しているわけではない。実際、戦後日本は地道に世界に貢献してきた。「日本の世界への貢献は世界一ではないか」とずっと世界から評価されているほどである。

憲法九条のカルト集団が、むしろ「世界平和の敵」とみなされるのは平和に盲目だからだろう。改憲派には、九条カルト集団の表裏が手に取るようにわかる。このカルト集団のバカの一つ覚えの限界と本質を知っているからだ。

フランスは侵略戦争の放棄を宣言した直後、国民戦争が起きている。そして、ヨーロッパ全域を巻き込んだナポレオンの征服戦争が続く。それからフランス革命一〇〇周年記念行事として第二インターナショナル創立大会から八回にもわたって反戦決議をしたものの、第一次世界大戦が勃発した。さらに、平和主義運動が逆に第二次世界大戦の地ならしにもなった。

ところで、第二次大戦でナチス・ドイツの侵略を受け入れたのは、むしろ非武装中立国のベルギーである。ドイツ軍の侵攻のルートとしてベルギーが選ばれたのだ。トロツキーはかつて、「君は戦争に興味がないかもしれないが、戦争のほうが君に興味がある」と言った。トロツキーは平和主義者よりも戦争と平和をよく知っていたから、こんな発言ができたのだろう。

アメリカに押し付けられた日本国憲法は矛盾だらけ、虚構だらけ、欠陥だらけ、呪縛だらけ、乖離だらけ、弊害だらけ、不便だらけという指摘は改憲派から出ることが多い。平和憲法の本質をよく知っているからだ。また、護憲派の本当の狙いはどこにあるのか、その下心もよく知っているから危機意識も高いのである。

世界は「植民地」の歴史だった

私が大学で「比較文化」講座を開設する際のことである。所長から「比較文化というのは左翼と理解されるので、『比較文化社会』と社会を入れたほうがよいのでは」とアドバイスされた。

日本人は昔からあまり「言挙《ことあ》げ」（言葉に出して言いたてること）をしないほうである。やはり日本人は「沈黙は金」だと思っているのだろうか。それでも言霊は昔から信じられ、かなりの威力もはたしてきている。その一例が「国民」という言葉である。国民はタブーなので「市民」と書き換えなければならない。もちろん、そんなタブーは何も日本にかぎったことではない。

中国にも昔からある「天民」や「生民」、そして「公民」は、すでに「人民」と「反人民」に二分された。「反人民」は「黒五類《こくごるい》」[19]まで細分類され、「反人民」は改造された後で初めて「人民」になれる。

いわゆるタブー用語は一体誰が決めたのか、決して明確ではない。しかし、私のように半世紀にもわたって文筆の仕事をして生きている人間にとっては、じつに不便だらけである。たとえば「支那」と書いてはいけないとか、「文盲率」を「非識字率」とか何とかに直さなければならないとか、もううんざりしてしまう。

というよりも、疲れてしまうことが多い。ことに戦後の日本の「学会」と言われるものは、みんな「グル」にならないと排除されるので、「学者先生」たちには、かわいそうとしばしば同情することもある。

さて、買い物をする場合、ことに競争の激しい商店街では「ダンナ！　ものを比較しなければならないよ」と切り出す。もちろん、それは質もグレードも違う。そして、「うちの店で売っているのは、すべてホンモノです」と決まり文句が出る。日本よりも、ことに値切り競争の激しい外国では多い。

それは決してビジネスの常用語ではない。たとえば、「中国近代文学の父」と称される文豪の魯迅でさえ、口癖のように「ものは比較しなければならない」と、ことあるごとに記していた。

国家や民族、文化や文明が違えば価値観も違う。言語の意味内容や語感まで違うこともよくある。たとえば、「植民地」やら「警察国家」は一九世紀だけでなく、第二次大戦前まで人類の夢だった。

しかし、二〇世紀の後半から社会主義思想が徐々に人類の主流思想となり、強力なイデオロギーにもなったので人類の夢まで変わってしまった。古代や中世の「植民地」や「植民地主義」は別として、第二次大戦前と戦後だけでもかなりの価値逆転の現象が見られる。

そもそも「植民地主義」は搾取や支配の思想ではなく、否定的な価値でもなかった。少なくとも近代的な植民地主義は、植民地住民に対しての宗教上の伝道、文明、人道、人権の伝播、経済的発展の促進のための人類の理想と考えられてきた。宗主国はそこに「文明、信仰、先進、進歩」、さらに「理性、禁欲、勇気」という優越的価値観を見出していた。その対極に位置づけられていたのが植民地住民の未開という「負の価値」である。

同じ大航海時代以降の「近代植民地主義」と称される国々、たとえばポルトガル、スペイン、オランダ、イギリス、フランス、アメリカなども時代によって、その思想も実質的経営の方法も内容も決して同一ではない。

植民地の比較について、「日本の植民地統治と西洋の植民地統治はどこが違うのか」とよく聞かれる。そういう問題の設定では「比較はできない」という答えしかない。なぜか――。「日本の植民地統治」という概念規定とボキャブラリー（語彙）には共有の意味内容と価値基準がないからである。

植民地比較にかぎらず、文化・文明や文学などの比較も、たいてい大きく分けて通時的比較以外には並時的（パラレル的）共時的比較がある。もっと理解を深めるには、少なくともこう比較しないと「一知半解（知っているようで知らない）」に堕ちやすいからである。

植民地やその主義について、すぐに連想するのは「近代西洋植民地」、ことに植民地学者と称されるものは、もっと縄張りを広げるために「新」をつけるか、ポスト・コロニズムから「経済植民地」などの新造語を創出したがる。少なくとも、植民は人類史とともに古いというのは確かである。人類の植民地を石器や原人の時代までさかのぼってもキリがないので、私なりに考えている植民史を時代順に次のように分類して取り上げたい。

1　超古代のマレー・ポリネシア系の海への植民――氷河期以降からマレー・ポリネシア系語族の海洋への植民は、かなり広範に行われていたことが、言語からDNAにいたるまでの研究で判明している。古代では朝鮮半島の南端から中原の夏人、今ではアフリカの西岸、マダガスカルからインド洋、南洋、太平洋の島々にいたるまで広がっている。

2　古代地中海域の植民――太平洋とインド洋の植民とほぼ同時代か、やや遅れて紀元前三〇〇〇年頃にフェニキア人の地中海沿岸地域への植民があり、続いてフェニキアに対抗しながらギリシャ人が地中海への植民を開始し、シシリー、サルディニア、スペインまで広がった。ギリシャの植民地の拡大は文化・文明の拡大をも意味する。ギリシャのアポイキア[20]の拡大に続くのがローマのコロニアの拡大である。ローマは当初、大共和制だったが、コロニアの拡大によってローマ帝国となりパックス・ロマーナにもなった。

3　ユーラシアでの遊牧民の植民――海洋の植民とは違って、ユーラシア大陸では遊牧民と農耕民との対立と植民の歴史に彩られた。オアシスを目指して移動した遊牧民は、よく農耕地に侵入し、歴史の主役にもなるが、マジャール人のハンガリーやスオミ人のフィンランドのように遊牧民の植民によって生まれた国もある。モンゴル人は青少年集団を中心に、オアシスの水と草を追ってウルス[21]をつくり勢力を広げた。大モンゴル帝国の後でも同様のことを行ったから、ティムールやムガール帝国が生まれた。

4

陸の植民地拡張——近現代植民地の中で、あまり取り上げられなかったのは、世界最大の二大植民地帝国である中国とロシアの二大陸の植民地帝国である。中国が中原から主に南下して植民とともに領土を拡大し続ける。春秋時代の国以外には、県は新開の軍事植民地であり、その後は郡県とともに植民地を拡大し、六朝時代以降は江南で「僑」と称されるのが漢人の移民植民地である。その後、「華僑」として南洋に広がっていく。満州人が六代二〇〇年にもわたって征服した地である西域とチベットは、今でも中国が植民地として統治を続けている。

　スラブ民族の植民地拡張は、戦前にロシア植民史として残っているが、戦後それ以外は論著がほとんど消えてしまった。ユーラシア大陸西側の欧州東北部のボルガ河のほとりにあるモスクワ大公国が、二〇〇年にわたる「タタール人のくびき」から解放されたのは一五世紀末で、イワン三世はツァーリを名乗り、第三ローマ帝国と自称、コサックの力でシベリアからアラスカまで東進、世界最大の陸の植民地帝国までに成長したのである。

5 大航海時代後の近現代西洋植民地――戦後日本でよく語られている植民地や植民地主義は、ほとんどが近現代西洋植民地のみに限定し、戦後日本人の植民観として定着した。それは「世界革命、人類解放、国家死滅」の社会主義革命が目的で、ロシア革命後にソ連のコミンテルンによって流布されたものだ。「文明の進歩」という名の下に、欧米日の植民地史を「世界侵略史」と決めつけ、流布されたのである。

大航海時代後、歴史は陸から海へと移りつつあった。人流も物流も盛んになり、「空間革命」とまで言われるほどである。植民地主義とひと口に称されても、イベリア半島のポルトガル、スペインは重商主義のオランダの植民地主義思想とは異なり、英仏等をめぐる植民地獲得競争も列強の時代もそれぞれ違う。

では、いわゆる欧米日の「植民地」は、はたして存在するか、ことにいわゆる「日本の植民地」については、その存在と史実には疑問が多い。確かに、日本は開国維新後、琉球、台湾、朝鮮まで糾合して大日本帝国になり、列強にまで伍したのは史実である。しかし、それを「日本植民地主義」と語り、論じることができるのだろうか。私はむしろ否定的である。

台湾、朝鮮、満州は日本の「三大植民地」ではなかった

開国維新後の日本は、西風東漸、西力東来の「白禍」に直面した。植民地への転落を避けるにはどうすればよいのか、どうすれば生き残ることができるのか——。あの時代の明治人、ことに志士たちにとっては大きな時代の課題であった。

もちろん同時代には、「大国主義か小国主義か」の論争もあり、樽井藤吉[22]のような日清韓東亜三国の「大東合邦論」もあれば、「アジアの悪友どもとの交遊謝絶」を提言した福沢諭吉のような「脱亜論」もあった。結果的に、日本は「文明開化、殖産興業」に徹し、坂の上の雲を目指して登り、日清、日露の両戦争に勝ち抜き、大日本帝国として列強にも伍すことになる。

私は「大国主義か小国主義か」で、日本が「大国主義」を選んだことを賢明なる選択だったと信じて疑わない。この決断をいつも感動し、また感激している。あの時代は、すでにインドがイギリスの植民地に転落し、アフリカの分割も完了していた。列強によって、清の分割も勢力範囲も決められていた。

もし日本が「小国王義」論者内村鑑三、幸徳秋水、三浦銕太朗、石橋湛山らが唱えるデ

ンマークやベルギーのように「小国主義」を選んでいたなら、その運命は自明のことである。開国維新後に転生した明治国家は、一体どのような国づくりをするのか。明治国家とほぼ同時代のプロシア（ドイツ）やイタリアよりも近代国民国家の元祖である英仏のような国を目指したのは当然といえば当然だった。

歴史幾何学から見て、ユーラシア大陸の西方海上にあるイギリスと、東側の海上にある日本が地政学的に似ているだけでなく、近代国民国家としての国づくりの条件と過程も類似することが少なくなかった。日本がイギリスの国づくりをモデルにしたのは、ごくごく当然のことだった。あるいは必然と言ってもよい。

ゲルマン系のアングロ・サクソン人の国イングランドは、ケルト系の国ウエールズ、スコットランド、アイルランドなどの国々と「連合王国」をつくっただけではなかった。日没することのない大英帝国、さらにパックス・ブリタニカまで発展したのである。そのことは日本だけでなく、他の列強の夢をも刺激したに違いない。

日本が連合王国をモデルにして、琉球、台湾、朝鮮を統合し、大日本帝国まで発展した国づくりは、近現代史から見れば日本だけが特例ではない。東亜の歴史にも、後金国二代目の君主ホンタイジー[23]は、モンゴル人の北元の後裔たちと「清」をつくった。そしてジンギス・ハーンの伝国の印璽《いんじ》を受け、大モンゴル帝国の後継国家として清王朝まで成長したのである。

満州人とモンゴル人は当初、朝鮮国王をも連合王朝の国づくりに誘う。しかし、朝鮮国王は「小中華」という自負心からか「夷狄とつき合うのは、もってのほか」とばかりに断った。その後、二度にわたる「胡乱」で朝鮮国王は頌徳碑にひざまずき、迎恩門と慕華館までつくらざるをえなかった。「下の下国」にされたのは李氏朝鮮の明の虎の威を借りて、しきりに女真の地へ侵略した以外に満州人、モンゴル人を夷狄として、見くびったからだろう。

戊戌《ぼじゅつ》維新の主役の一人として有名な梁啓超[24]は、台湾文化協会のリーダーである林献堂[25]に、台湾と日本の関係をアイルランドとイギリスの関係にたとえたという。台湾を日本の植民地と決めつけた面々のほとんどは、コミンテルンの指導で暗躍する活動家だった。

ところで、現代のような領土範囲が定められたのは、ヨーロッパでカトリックとプロテスタントの宗教戦争、宗派にからむドイツの三〇年戦争終結後の一六四八年に締結されたウエストファリア条約が最初だ。この条約を締結した国々は、互いの領土を尊重し、内政干渉を控えることを誓う。

それ以前のマケドニアのアレクサンダー大王もローマ帝国も大モンゴル帝国もオスマン・トルコ帝国も、領土や国境とは関係がなかった。その後のナポレオン戦争のときも同様で、国境などあってないような状態だったのである。

日本は鎖国前に、秀吉の朝鮮出兵やオランダやスペインと台湾の領有をめぐって競争したことがあっても、鎖国後の江戸時代は海外の領土に野心など抱かなかった。しかし諸外国は逆である。陸も海も領土大拡張の時代だった。

清帝国は満州の森林から出て二〇〇年の間、明の時代よりも三倍も領土を拡張した。ボルガ河畔から台頭したロシア帝国は、東進だけでなく南進もした。こうして、あらゆる文明圏と接し、世界最大の領土をもつようになる。

アメリカ合衆国は、大西洋岸の一三州から太平洋岸まで西進した。海のほうではポルトガル、スペインの後にオランダ、さらに英仏が植民地を大拡張する。デンマークやベルギーのような小国まで植民地を一つかそれ以上もっていた。

日本がほぼ同時代にやっと開国する。イギリスの国造りをモデルに琉球、台湾、朝鮮を糾合して近代国民国家づくりに努めたことを批判する声が多い。主に進歩的文化人と呼ばれる面々からの声だ。往々にして彼らの論理は独善的で非常識である。ことに戦後日本は、コミンテルン史観を金科玉条として「台湾、朝鮮、満州」を「日本の三大植民地」と決めつけるにいたっては、誤解というよりも曲解と言ったほうがいいだろう。そこで、ここでは歴史の真実に基づいてその曲解を指摘したい。

1

台湾について——日清戦争後に締結された下関条約第一条第二項により、日本に永久割譲した頃、台湾事務局（総裁＝伊藤博文）をはじめ、司法省のフランス人顧問ミッシェル・ルボン[26]と英人顧問ウィリアム・カークウッド[27]、そして局員の原敬（後の首相）など、それぞれの見解が異なっていた。原は、普仏戦争後の仏領ローザンヌとアルザスがプロシアに割譲されたのと同様、四国や九州の内地延長という見方は、第八代目台湾総督の田《でん》健治郎[28]も原敬内閣時代に同一見解を示している。

新しい領土の編入については、帝国憲法には明文の記述がないので、小笠原群島の日本領土編入の前例に従った。実質的な台湾経営にあたり、「植民地かどうか」については、第一九回の帝国議会での桂太郎首相の答弁をめぐって、第二一、二二回の帝国議会植民地論争の記録がある。

台湾の法的地位であるが、同時代で植民地なら「憲法」の適用範囲外が万国公法の常識だった。憲法問題をめぐっては、明治二九（一八九六）年の第九回帝国議会で三年時限立法の「台湾に施行すべき法令に関する法律」（いわゆる「六三法」）が制定・施行されている。このように五〇年もの間、植民地、憲法、実質経営をめぐって、さまざまな議論や主義があった。しかし、台湾を「日本の植民地だ」と決めつけるのは、住民や総督府よりもコミンテルン指導下の学者のほうである。

2

朝鮮について——「日帝の植民地だ」と決めつけたのは韓国建国の父で、両班出身の李承晩初代大統領である。「帝国議会」も「台湾は植民地かどうか」をめぐるような論争がなかっただけでなく、閣議決定も天皇詔書にも植民地だと決めていなかった。日露戦争後から生まれた新しい国際情勢下で、列国の合意に基づいてつくられた「同君合邦国家」である。その背景としては李朝の国家破産があり、「東洋の永久平和を保つ」という大義名分もあった。

　合邦（併合）前には、日韓双方ともに賛否両論が渦巻いていた。日本側としては、統監を務めた伊藤博文、曾禰《そね》荒助《あらすけ》[29]をはじめ、政府有力者でさえも「百害あって一利なし」という極論まであった。しかし朝鮮側では、両班が免税・免疫の特権、そして奴婢などの階級制度を死守しようと反対するが、李完用[30]首相をはじめとする閣僚と常民、もちろん奴婢のほとんどが「解放」として合邦に大賛成した。実際、統監時代から総督府時代の約四〇年、日韓併合によって、日本から年間一五〜二〇％の補塡金が入り、半島の生民は二〇世紀まで生き残ることができたのである。

　あの時代は、「列強の時代」であった。いかなる国であろうと「強国へ、大国へ」という掛け声とともに、「国のかたち」として「同君合邦国家」が時代の主流となっていた。中米連邦やコロンビア合衆国、大英連合王国だけでなく、オーストリア・ハンガリー帝国やチェコ・スロバキアなどの合邦国家が珍しくなかったのである。

ことに日韓合邦については、その時代の流れの下、三回にわたる日韓の交渉に基づき行われ、英米をはじめとする列強だけでなく、日本とは利害関係が対立する清露まで賛成した。しかし、韓国の両班である安重根や李承晩は併合に反対したのである。それ以上に反対したのが、むしろ日本側だった。それが歴史の真実である。

3

満州について――第二次大戦後になると、満州国まで日本の植民地であったとされ、

まるで「地獄」のように語られてきた。しかし、すべてが嘘である。当時の中国人からすれば、満州国はむしろ「王道楽土」の桃源郷だった。内戦で荒廃する中国からの流民が、まるで「駆け込み寺」に逃れるように、大挙して満州に押し寄せたのである。年間平均一〇〇〇万人が万里の長城を越えて逃げ込んできたという。

一九一一年の辛亥革命により清朝は崩壊し、中華民国が成立した。しかし、南北の政府をはじめ、多くの政府が乱立し、国土は内戦状態に陥った。軍閥の戦争以外にも「連省自治派」(連邦派)と北京・広州統一派との抗争があった。そして、関東軍の支援を受けた満州の連省自治派が満州国の樹立に成功したのである。

満州国は関東軍の内面指導やら日本の「傀儡《かいらい》国家」とまで言われても、同時代は日

独をはじめ、半数近くの国家が承認した主権国家であった。同時代の複数の中国諸政府の中で南京政府は実質的に満州国を認めている。

「植民地」については、すぐに決めつけたがる学者や政治家が少なくない。たとえば、北海道や沖縄についてまで「内国植民地」と名づけ、「日本の侵略と搾取」などを語りたがる。コリア半島では「北朝鮮（北韓）はソ連の傀儡国家」「韓国（南鮮）はアメリカの植民地」といった調子だ。

日本が近代国民国家の国づくりにおいて、はたして「植民地」までもったのかどうか。それを断言するのはじつに難しい。それは決して「学的」な定義だけでなく、日本が近代国民国家の国づくりの中で、「植民地統治」や「経営」とまで言われる史実があったのかどうかも、私が独断で語るのは控えておこう。

植民地主義と社会主義の世界史を再考せよ

植民地主義が消えてからすでに半世紀以上も経っている。社会主義も同様になくなってから、少なくとも四分の一世紀以上も経つ。植民地も社会主義国家も完全に地上から消えたわけではなく、いまだ影響力を保っていたとしても、少なくとも主流思想ではなくなっている。

それでも、かつては一世を風靡した思想である。戦後七〇年の節目に、植民地主義と社会主義とは何だったのかを再考することがあってこそ、歴史に学ぶことができるだろう。少なくとも、中国の文革終了後まで、あるいは一九九〇年代の東欧・ソ連体制の崩壊にいたるまで、植民地主義と社会主義の比較を取り上げることは皆無に等しい。むしろ論議としてはタブーでさえある。

思想的には、まったく異なるもののようであるが、じつは双方には類似点も多い。社会主義国家（または社会主義思想）の崩壊は、植民地主義の終焉よりも半世紀も経たないうちに起こった。

その時差は、長い人類史から見れば、ほぼ同時期か同時代（二〇世紀中葉と世紀末）のものと言ってもよい。二〇世紀の中葉頃と末頃の差だけである。少なくとも、双方とも近現代の西洋文明が生んだ歴史的産物であり、もっとも超国家的でコスモポリタン的性格をもった思想である。

植民地主義は大航海時代から、とりわけ一九世紀の中葉頃から二〇世紀の中葉頃まで、人類のもっとも進歩的な思想とみなされていた。また社会主義思想も二〇世紀では、もっとも理想的なものとして世界の進歩的知識人を魅了した。

そもそも植民地主義は「支配の思想」というよりも、社会主義と同じく「解放」の思想だった。なぜなら、それは宗主国の利益追求というより、むしろ未開地域の民を文明開化に導くことを使命とする「進化論」に基づく「進歩思想」だったのだ。

もちろん、社会主義思想もそれと同じく進歩思想に基づいていた。唯物史観によって、人類の社会発展の図式を描き、原始社会から封建社会、そして資本主義社会を経て、社会主義、共産主義社会を最高の発展段階としていた。しかも進歩的階級である労働者階級、その「前衛」である共産党によって、抑圧された人民を「解放」しようとした。

双方とも「先進的」な民族や階級が「後進的」な民族や搾取される階級を解放しようという解放思想だったのである。しかし、双方とも解放に成功しなかった。そのため二〇世紀の中期から後期にかけ、双方の思想と体制が瓦解し、多くの負の遺産が残された。

一方、植民地主義を客観的に見た場合、社会主義よりもプラスの遺産を数多く残している。近代化と科学技術を少なくとももたらし、イギリスはアメリカとカナダを残したが、社会主義が残した遺産と言えば、「平等」というファンタジー以外には「悲劇」しかない。確実に言えるのは貧窮と独裁しか残らなかったということだ。

中国のノーベル平和賞受賞者の劉暁波は一九八八年、「中国が真に変わるには何が必要か」という香港の月刊誌のインタビューに「三〇〇年にわたる植民地支配だろう。香港は一〇〇年間に及ぶ植民地主義を通じて、現在のように変貌を遂げてきた。まあ、中国は余りにも広大だから、三〇〇年でも足りないかもしれない」と答えた。この発言が当局の逆鱗に触れ、逮捕・投獄されたのである。

第二次世界大戦後、社会主義革命の嵐が吹き荒れた。国共内戦、朝鮮戦争、ベトナム戦争、カンボジア内戦と続く。日本でも「日本人民民主主義共和国」樹立に向けた革命の動きがあった。ロシア革命に次ぐ中国革命、そして日本革命が社会主義の第三革命だと毛沢東が言ったが、日本革命は成功しないまま終わる。

なぜ、日本で赤旗が翻らなかったのだろうか。それはアメリカという超パワーが立ち塞がったからだけではない。社会主義革命に成功したユーラシア大陸の国々は、東方正教文明圏にかぎられた。ラテン・アメリカのカソリック文明圏もキューバに止まっている。そして、アジアでもユーラシア大陸の東側の儒教文明圏以外には共産革命が広がることはなかった。

日本の文化・文明的風土も社会主義を受け入れなかった。日本は儒教からの強い影響を受けていても、仏教文明圏に止まっていたのである。津田左右吉博士[31]が指摘したように、儒教はほとんど日本の風土に根を下ろすことがなかった。それが第三革命が成功しなかった理由の一つだろう。

儒教思想と社会主義思想を比べて見ると、類似点がじつに多い。たとえば、双方ともユートピア思想だけでなく、コスモポリタン的な超国家思想を持つ。楽園は天上にあるのではなく、地上にある。儒教の「君子」は社会主義の「前衛」とまったく同じ構図である。儒教の理想ばかり掲げながらも、実際は現実とはかけ離れている。中国でも「陽儒陰法」や「外儒内法」といわれるくらい、建前と本音は乖離しているのだ。口だけという点でも、社会主義思想とそっくりである。

ノーベル文学賞受賞者のソルジェニツィン[32]は、社会主義の崩壊について、「階級は宗教と民族には勝てなかった」といった。もっとも根源的な理由を喝破しているではないか。東方正教型社会主義が一九九〇年代に入って、ほとんど崩壊してしまったにもかかわらず、儒教型社会主義だけがなぜ残っていたのだろうか。

これについても、「建前と本音」が見逃されがちである。たとえば、中国の社会主義体制は、文革の終結とともに、すでに体制としては消えた。残っているのは、看板のみである。実際、一九九〇年代以降の中華人民共和国では、「権貴（特権貴族）資本主義」といわれるほど資本主義以上の資本主義国家に変貌した。中国だけではない。ベトナムも、朝鮮の金王朝も、社会主義は有名無実となっている。

儒教社会の風土の中では、たいていの人間が建前と本音を使い分ける。これは風習にもなっているが、たとえば、「経書」でも、「白紙黒字」、つまり白い紙に黒い文字を書くように、建前を掲げているのみだ。日本人はそうはしない。

しかし、日本人、ことに文化人には、たいてい「建前」を真に受け、信じ込む人が少なくない。例外なのは、国学者たちだけである。「漢意（唐心）」と「和魂（和心）」のちがいは知っているが、日本の文化人の限界は、まさしく日本人の精神風土である「純と誠」の限界でもある。だから、日本の文化人がいくら「高論卓説」しても、ピントはずれが多い。それも日本文化人のさだめだろうか。

日本の民主主義政治はなぜ西洋以上と断言できるのか

日本の民主政治は、西洋とは異なるだけでなく、西洋以上のものだというのが私の持論である。もちろん、西洋人からだけではない。中国人の誤解は西洋人の比ではない。残念なことに、当の日本人も誤解している。

すでに文革の時代から、私は中国からの亡命者、ことに民主活動家とよく議論した。中国の民主化は絶対不可能というのが私の持論である。その理由は多々ある。たとえば、民主政治は、あくまでも小国主義の政治形態で、人類史から見ても、近代民主政治は、必ずしも専制独裁から進歩・発展してきたものではない。
今現在の欧米の民主主義は、古代ギリシャや中世の都市国家よりも「民主的」とは思わない。ローマ帝国がローマ共和制から発展してきたように、中国は「百家争鳴」の時代から、時代とともに今日の「人民専制」、つまりプロレタリア独裁まで進んできた。中国共産党も、「もっとも民主的で、もっとも優れている制度」と自画自賛している。

では、なぜ中国で民主主義制度が絶対不可能かというと、中国の国家の始まりは、「馬上天下を取る」原理から生まれたからである。文化的には「人治＝徳治」を建前とする政治で、法治社会の仕組みとはまったく異なるのだ。

実際、中国では時代とともに、ますます独裁専制が進んできた。だから、文化、社会、政治にいたるまで、歴史の歩みからも、中国人の夢である「天下一国主義」を実現するには、民主主義とは逆方向に進むしかない。拙著の中で詳しく論証や推論してきたが、それが私の持論である。

かつて私は、中国民主活動家の魏《ぎ》京生《きょうせい》[33]に、「一体何をもって中国の民主化が可能か、ぜひ教えていただきたい」と尋ねたところ、「戦前の日本は中国と同様、軍国主義の独裁国家だった。しかし、戦後はアメリカから強制されて民主国家になった」云々と答えた。

日本の歴史文化に対する理解はその程度だった。多くの中国民主運動家に共通することだが、日本に対する理解はあまりにもお粗末である。何も知らないというよりも、誤解と曲解がまかり通っているのが現状だ。

日欧の社会制度と発展については、「封建制からのパラレル的発展ではないか」という議論もあった。もっとわかりやすく言えば、近代フランスの民主主義は市民革命で国王から奪ったものである。また、イギリスのそれは貴族間の妥協の産物だった。

では、日本の民主主義はどのようにして生まれたのだろうか。「天皇」から奪ってきたものでもなければ各藩の妥協の所産でもない。日本の民主主義は、日本の伝統社会・文化、つまり日本の歴史から生み出されたものである。

その歴史をさかのぼっていくと、すでに「八百万《やおよろず》の神」や「八十神《やそがみ》」などと言われていたように、神代のパンテオン（神殿）には万能の神など存在しなかった。ただ「神議」があるだけである。多神教の原日本は、多元的な価値を容認していた。「和」と「共生」の社会は、まさにそこから生まれたのである。

では、なぜ原始神道は仏教を受け入れることができたのだろうか。共生の社会は、衆生の仏教によって、和の社会を一層強化していく。日本の神々は、「一神一芸」として知られる。田の神や水の神、雷の神は、それぞれの神技をもち、極めて個性的にして自由であった。仏教の神々もそうである。十八羅漢は日本の神々のように、それぞれ個性的にして自由である。

日本の主義・主張や諸学でも、儒教社会のように唯我独尊かつ排他的ではない。たとえば、江戸時代は朱子学だけでなく神道も仏教も国学もある。さらに中韓が禁じた陽明学もあり、蘭学さえある。きわめて多様多彩にしてダイナミックでもあるのだ。

衣食住だけでなく、文化にいたっては諸芸諸能の「何でもある社会」である。それが「和」の原理によって支えられ、日本民主主義の社会的ベースとなっている。

「何でもある」ということは、日本が多元性社会であることの証左だ。明治維新のスタートから「広く会議を興し、万機公論に決すべし」という明治天皇が布告した五箇条の御誓文を実現可能にしたのも、日本の風土が多元性を容認・許容しているからである。

だから、民主主義は第二次大戦後から生まれたものでは決してない。戦前の帝国議会でも、戦後以上に民主主義が機能していた。民主主義社会が成熟するには、文化的精神的な風土として多元的価値の許容や認知が欠かせない。その社会的基礎として法治社会が必要不可欠である。

また、国民の遵法精神も国家全体の成熟度を計るバロメーターでもある。少なくとも、日本人の遵法精神は決して開国維新後や戦後からではない。はるか古代から、日本人はそういう風土の中で育てられてきたのだ。聖徳太子の「十七条憲法」は、古代だけでなく、今でも守られている。

日本人の遵法精神は、古代からの日本精神の一つであり、決して明治国家以降に生まれたものではない。このことについては多くの西洋人の記録がある。たとえば、日本を訪れたデンマークの海軍士官エドゥアルド・スエンソンの『江戸幕末滞在記』（長島要一訳・講談社学術文庫）には、「彼らが文句なしに認める唯一のもの、大君から大名、乞食から日雇いに至るまで共通な唯一のもの、それは法である」と記されている。

それればかりか、開国直後の一八五五年に下田を訪れたドイツ人のF・A・リュードルフの『グレタ号日本通商記』（中村赳訳・雄松堂出版）にも、「法は比類のないほど細分化されており、例のないほど一部の隙もない。皇帝も取るに足らない日雇い人足も誰でも法の支配に服している。その際、法は過酷なほど厳しい」と書かれている。

民主主義の原則は、行政、立法、司法の三権が独立した三権分立である。しかし実際、欧米諸先進国において司法の独立は理想にすぎず、たいてい政治の下僕となり下がっている。それどころか、政府が用心棒や殺し屋を雇っている国も少なくない。

世界の司法を見渡すかぎり、約二〇〇カ国の中で、日本ほど司法の独立が徹底している国はない。それは伝統文化から来るもので、水戸黄門、大岡越前、桜吹雪で有名な遠山の金さんが日本人に愛され、テレビ番組になるほど人気があるのは、日本人が公正かつ情のある裁きを支持し、悪代官や悪徳商人には必ず正義の裁きが下されるからだ。

確かに、近代民主主義と言われるものは、産業革命と市民革命後に近代国民国家やナショナリズムとともに生まれた近代政治形態や政治的制度、あるいは近代社会のシステムの一つである。

もちろん、近代にかぎらず、民主主義のようなルールは古代にも中世にもあった。遊牧民でさえ、民主主義的な掟に縛られていた。日本型議会民主主義は、決してただ欧米からもたらされた「舶来品」ではない。すでに神代の神議から日本の精神風土として、今日にいたるまで民主主義を守ってきたのである。欧米以上に成熟した国体と言っても決して過言ではない。

世界でも希な日本の歴史風土

「社会」というのは、世間がさらに広げた和製漢語で、「風土」から生まれたという説もある。その代表的なのが和辻哲郎[34]の風土論だ。和辻の著『風土』は今でも訳書が多く、欧米でも広く読まれている。不思議なことだが、海外での高評価とは逆に、日本のマルクス主義学者から「地理的決定論」と低い評価がなされた。国内で和辻は潰されかけたのである。

もちろん風土が違えば、社会だけではなく国家品格も国民性も異なる。では、「風土」とは、一体どのようにして生まれたのか。それは気候や地理のみのような、いわゆる「地理学的」な産物だけではない。

もっとグローバル的に見れば、「生態学的」植生圏に限定される以外には、地政学的な要因、つまり生態学的環境を超える地政学的な民族・国家力学による影響下での歴史産物とも言える。

少なくとも島と陸だけでなく、半島と大陸とも地政学的な影響が決定的な場合も多い。だから歴史的風土は、自然の摂理以外には国際力学、つまり地政学的環境からも歴史的風土をつくり、そこから独特の社会の仕組みが生まれる。

人類史から見ると、大モンゴル帝国によるユーラシア大陸各農耕文明圏の征服も、満州人による東亜大陸の征服も、オスマン・トルコやロシア帝国の拡張も、大航海時代以降の西洋植民地帝国の成立も、すべて風土を超えるものと考えられる。

ところで、日本史から見ると、神代からの日本という存在は、世界史的にはどう見るべきだろうか。戦前、よく取り上げられたが、「万邦無比」の日本は、ただ「万世一系」の天皇の存在だけではない。

たとえば、平安時代や江戸時代のように、数百年にもわたる「平和社会」もその一つだ。それは誰それの努力からではなく、日本社会の仕組みの申し子とも言える。もちろん、「万邦無比」の「万世一系」と「平和社会の仕組み」以外にも多々ある。私が日本で見つけたのは善悪の道徳まで超える日本の文化だった。それについては、拙著『日本人の道徳力』（扶桑社）に詳しい。

長期にわたる「平和社会」という社会の仕組みから生まれたのは江戸時代、さらにさかのぼって平安時代、そして縄文時代も約一万年ぐらい平和が続く。第二次大戦後も、対外戦争もなければ内戦もない。それだけではなく、「安定、安全にして安心」で暮らせるのは日本が世界一である。

今でも中国や韓国は、日本の過去をおとしめるのに夢中になって、世界各地で日本の「過去」を捏造して誹謗中傷に努めている。しかし、「現在」まで投影しても、それはあくまでも中国と韓国の国格、人間の品格が逆に問われるだけだろう。世界の日本を見る目は、中韓とは異なるのだ。

台湾の世論調査では相変わらず日本の人気がトップであることは前に述べた。逆に「大嫌いな国」では、中国と韓国が一位を争っているという現実を日本人は認識し、世界は中国と韓国だけではないことをもっと知るべきである。

今現在、世界でもっとも「安定、安全、安心」で暮らせる国は日本だ。このことは世界中が一致して認めている。だから、いくら中韓が日本の過去についての悪口を世界に向けて言い触らしても、一体どこまで聞く耳をもつだろうか。徒労に終わってしまうのは目に見えている。中国人も韓国人も「反日」にのみ夢中になっているので、世の中を何もわかっていないのだ。

「資源」の意味は時代によって異なる。物を重んじる時代は「物本主義」、資本や技術を強調する時代は「資本主義」である。地理的な意味での資源と経済学的な意味での資源は違うが、文化論的な資源の考えもある。

資本主義時代以降、ことに資本、技術、あるいは社会的組織などから資本、技術、組織を創出する人と社会がますます重要視され、経済学入門書として必読の「資源論」がさらに注目される。そしてポスト資本主義には人本主義が注目され、この「安定、安全にして安心」できる日本社会は、これから日本最大の資源と認知されるときが来るだろう。

中国政府は今でも最大の国家課題を「安定」であると繰り返し強調しているが、経済成長はすでに鈍化している。最低の雇用問題をクリアするには「保八」、つまり八%の成長を守ることは、現実的には絶望的となった。だから、二〇一四年末に国策として、経済政策を「成長」から「安定」への転換が「党」によって決定されたのである。

なぜ中国が「三権分立」にも「多党制」にも猛烈に反対し、「プロレタリア独裁」（人民専制）を実施する以外にないのだろうか。「民主化」に中国が反対する理由は一体何なのか。

中国は人口が多いので、数多くの人民を食べさせなくてはならない。しかし、民主政治をとると、国家は「安定」できなくなり、国家の崩壊は絶対に避けられないという「歴史のさだめ」があるからだ。

中国の国家課題は、一にも安定、二にも安定、三がなくて、四にも「絶対安定」である。それを思うと、世界一の「安定、安全にして安心できる」日本社会は、世界共有の資産でもある。

「世界一の政府資産」「個人資産世界一」よりも、この「安定、安全にして安心できる」社会は、じつに「万邦無比」の日本人の誇りとして、日本人だけでなく世界各国がそれをモデルにしていかなければならない。

日本史が中国史、東洋史、さらに世界史と比べて一体どこが違うのだろうか。

中国には戦争のない年はない。もちろん日本にも戦国の時代がある。しかし、日本の戦国時代は主役が武士であって、中国のように「戦乱」や「天下大乱」と言える時代はなかった。

スポーツ性の強い日本の戦争は劇場型だと言えるだろう。だから、フェアな戦いであり、観客も多い。古代ローマ名物の競技場に似ている。百姓の観戦が多かった賤ヶ岳の戦いや関ヶ原の戦いはその象徴的な例である。これぞ日本だという戦争だ。

「易姓革命」の国とは違って、日本は強盗や泥棒がきわめて少ない、ということは『魏志倭人伝』『隋書東夷伝』をはじめとした書物に特記されている。大航海時代以降、宣教師のフランシスコ・ザビエルをはじめ、戦国時代から江戸時代、そして明治初期にいたるまで、伝教師、軍人、学者、使節、旅行者として幾多の西洋人が日本を訪れた。

彼らが残した手記や著書を読むと、「盗窃」のない日本社会に驚嘆していたことがわかる。この日本と正反対なのが「易姓革命」の国である。「易姓革命」は「強盗の理論」として、強盗の社会から生まれたものだったからだ。強盗の行為を正当化するのは「易姓革命」の論理でもある。

1土木の変　一四四九年、明の英宗が土木堡（河北省）でオイラート軍に大敗し、捕虜となった戦い。翌年、英宗は釈放された。

2甲陽軍艦　江戸初期にまとめられた甲州流軍学書。

3クラウゼヴィッツ　プロイセンの軍事学者。一七八〇～一八三一。死後出版された『戦争論』は古典として読みつがれている。

4マッキンダー　ハルフォード・マッキンダー。イギリスの地理学者。一八六一～一九四七。地政学の開祖。

5尉繚子　戦国時代に尉繚により書かれた兵法書。

6六韜　戦国時代に成立していた兵法書。「虎の巻」で有名。

7三略　太公望が書いたとされるが、現在では偽書と考えられている。

8司馬法　秦代に司馬穰苴により書かれた兵法書。

9李衛公問対　唐代に成立したとされる兵法書。

10エラスムス　ルネサンス期の学者。一四六九頃～一五三六。『痴愚神礼讃』は一五一一年に刊行され、ヨーロッパでベストセラーとなった。

11ソロモン　ミートル・ソロモン。一九二一～一九八七。NGOの反戦団体WRIの代表を務めた女性。

12楊逵　台湾の作家。一九〇五～一九八五。人道的社会主義者を自称した。

13王育徳　明治大学元教授。一九二四～一九八四。台湾独立運動に尽くした。

14秦檜　南宋の宰相。一〇九〇～一一五五。金との和議を成立させたさい、宋王を臣とした。これを売国行為として、奸臣の代名詞とされる。

15シュペングラー　文化哲学者。一八八〇～一九三六。三一歳で教職を辞めてからは思索と執筆の生活に入る。『西洋の没落』は西欧中心史観を痛烈に批判した。

16公子昂　生没年不詳。衛鞅とはかつて親友であったが、欺かれて捕虜となる。

17衛鞅　商鞅ともいう。BC三九〇～三三八。国政改革を断行したが、周囲の怨みを買い、戦死ののち車裂きの刑に処せられる。

18楚の懐王　在位BC三二九～二九九。暗愚で知られ、屈原が自殺する原因をつくった。

19黒五類　文化大革命のとき、労働者階級の敵として分類された五つの身分。地主、富農、反革命分子、破壊分子、右派。

20アポイキア　BC七五〇～五五〇頃に地中海沿岸につくられた植民都市。
21ウルス　モンゴル語で「国」「人々」。現代のモンゴル国も正式にはモンゴル・ウルスという。
22樽井藤吉　アジア主義者。一八五〇～一九二二。『大東合邦論』は西洋の侵略にたいしてアジアがまとまって立つという大東亜共栄圏の先駆け。
23ホンタイジー　清朝第二代皇帝。在位一六二六～一六四三。太祖ヌルハチの第八子。
24梁啓超　清末民初の政治家。一八七三～一九二九。民国では司法総長などを歴任。
25林献堂　民族運動リーダー。一八八一～一九五六。「台湾議会の父」と呼ばれる。晩年は日本で暮らし、東京・杉並で没した。
26ミッシェル・ルボン　法学者。一八六七～一九四七。お雇い外人ボアナソードの後任として和仏法律学校（現・法政大学）に奉職。
27ウィリアム・カークウッド　法律家。一八五〇～一九二六。横浜でイギリス公使の初代法律顧問も務めた。
28田健治郎　政治家。一八五五～一九三〇。元参議院議員の田英夫の祖父にあたる。
29曾禰荒助　政治家。一八四九～一九一〇。第二代韓国統監。
30李完用　政治家。一八五八～一九二六。朝鮮を売った親日反民族行為者として公式に認定されている。
31津田左右吉　歴史学者。一八七三～一九六一。記紀の史料批判で知られる。
32ソルジェニツィン　ロシアの作家。一九一八～二〇〇六。一九七四年にソ連を追放されたが、九四年に帰国。
33魏京生　民主運動家。一九五〇～。一九九七年からは米国に移り、発言をつづけている。
34和辻哲郎　哲学者。一八八九～一九六〇。ハイデガーの『存在と時間』に触発されて『風土』を執筆した。

終章

日本人の歴史貢献を見よ

歴史の省察があってこそ本当の反省ができる

史観と史説は時間によっても、国家・民族によっても違う。第二次世界大戦後、日本人の自虐史観のほとんどが戦勝国に押し付けられた新しい「歴史認識」である。ことに中国・韓国から押し付けられた、いわゆる「正しい歴史認識」については、歴史についての検証も省察もせずに、軽率にして屈服というかたちで、「反省と謝罪」を繰り返してきた。しかも行事化・明文化することは無知とともに愚行であり、犯罪でもある。

歴史の真実に検証と省察があってこそ、一体何を「反省」すべきかを決めるのが良知であり良心でもある。結論から先に言えば、戦後日本人には「なぜ戦争に負けたのか」についての反省が必要であり、歴史の省察から真実さえ知れば、日本が「謝罪」するのではなく、逆に日本に「感謝」すべきことを中韓に知らせる必要があると私は考える。一億以上の日本人は、「総懺悔」するよりも、そのぐらいの「歴史省察」はできるはずであろう。

そもそも中国は愚民国家である。為政者にとって「愚民」とは理想的人間像だろう。中国の数千年史から見ても、中国人はもっとも奴隷になりたがる人種である。民衆は歴史よりもフィクションを好む。無味乾燥な歴史の話は、まったく別世界のものとみなされ、興味の対象外である。

韓国は半島でコップの中の嵐があっても自律の歴史はほとんどない。ウリジナルの創作以外には歴史のない民族だ。いくら歴史を立て直して韓流ドラマになっても、そういうファンタジーは好むか好まないかにかかわらず、「正しい歴史認識」として押し付けられる。しかし、日本人の好みには合わない。

では、私がなぜ歴史の省察があってこその反省が必要ということにこれだけこだわるのか。それは中国・韓国が言う「正しい歴史認識」とは創作、つまりフィクションかファンタジーが多く、とても「正しい歴史」とは思えないからである。

しかも日本人の「認識問題」もある。日本人はなかなか敗戦のトラウマから脱出ができないだけでなく、自虐史観からも脱出できない。もちろん、日本人の精神風土によるものも多い。

中国人も韓国人も、実際、それほど歴史に関心をもつ国民性ではない。歴史よりも政治最優先の国だから、「歴史」を「政治」と考えるのも一般的にみられる手段である。その「歴史と政治」をどう区別するかについては、きわめてわかりやすい。価値観をつけるかどうかですぐわかる。つまり、「正邪善悪」をつけるかつけないかによっても一目瞭然だ。

いわゆる「正しい歴史認識」か「正しくない歴史認識」かによって、正しいか正しくないかを求めるのは政治であって歴史ではない。もちろん、「反省と謝罪」が歴史ではないのは言うまでもない。歴史に対して「謝罪・反省」する行為こそ政治的であって、歴史そのものではないのだ。

反省も謝罪も、されるほうもするほうも、その気になって初めて成り立つものである。終戦五〇年の国会謝罪決議が、もっとも教訓として学ぶ「反省」すべき好例である。あれほど謝罪派が権謀術数を尽くし、俗語で言えば「きわめて汚い手」を使って、騙し討ち同然で強行採決しても、中国・韓国にとっては「五〇年の国会謝罪」ではなくて、永遠に謝罪し続けてもらわないと困るというわけだ。

もっと具体的に言えば、永遠の謝罪でないと「歴史の切札」がなくなり、謝罪のたびにもらえる「謝罪金」がなくなってしまうからに他ならない。だから、国会謝罪が採決された途端、中国・韓国は評価するどころか、逆に非難ごうごうだったではないか。「不反省決議」「過去の侵略をごまかそうとする犯罪」「平和の決議ではなく、平和の破壊」「軍国主義復活決定の表明」「不謝罪決議」「中国に対する公然たる挑戦」「戦争賠償不払いが目的」「皇国史観の証明書」といった罵詈雑言を浴びせたのである。

謝罪される相手は小姑以上に気難しいので、日本非難を過熱させたというわけだ。相手が弱みを見せれば、ゆすりたかりにますます拍車がかかる。日本人とはそこが違う。

先に述べたが、そもそも謝罪というのは、相手がその気になって初めて成立するものだ。むやみに回数を重ねると、反対に「不誠実」との証明にもなってしまう。ましてや、今の日本人が先人に代わって謝罪をすることは、先人に対する断罪にもなる。これは現代日本人の傲慢さ、尊大さ、そして自信過剰の表れでしかない。実際、謝罪や反省すべき人もされるべき人もあの世へ行ってしまったからである。

あらゆる歴史問題については、日本のみ一方的に反省する必要はまったくない。その前に歴史の省察が先んずるべきである。なぜなら、日本人の良識・良心は、中国・韓国に比べると、文化レベルもそうだが、天と地の差がある。だから、歴史省察の能力も天と地の差があると思ってもらいたい。

とは言っても、日本人自身に問題が多いのも確かだ。一九八〇年代に入ってから、中国・韓国に「歴史問題」やら「靖国参拝問題」に振り回され、いかに「反省と謝罪」をすればよいかしか考えていなかった。

戦後日本は、戦勝国のアメリカから押し付けられた新しい「歴史認識」の中で、自虐史観に呼応する反日日本人が大繁殖した。それだけではない。大東亜戦争については否定論もあれば肯定論もある。にもかかわらず、中国・韓国には「正しい歴史認識」一つしかないのだ。

残念なのは、中韓についての歴史論議が比較的少ないことである。だから、「正しい歴史認識」を押し付けられたら、そういった類《たぐい》の全体主義史観を、日本人は額面通りに受け止めてしまうことが多い。

大日本帝国が開国維新してから百年未満である。大モンゴル帝国に比べても大元王朝に比べても、期間としてはより短命だった。しかし、その歴史貢献については、人類史上、なかなか類例を見ないほど大きい。そのことについてはいくら強調してもしすぎることはないだろう。

日本の世界史への歴史貢献

戦後日本の近現代史をみると、日本が行ってきたことへの非難譴責が多数を占める。しかし、歴史貢献について語ることはほとんどなかった。というよりもタブーだった。そういう偏見を一体いつまで許せばよいのだろうか。

大モンゴル帝国の歴史については、中国をはじめ、どの国からも史評としては、あまり芳しくない。それでも人類史の中で、その遺産、そして歴史貢献はじつに多い。ことに流通の面では、大きな歴史貢献を残している。

こういう大帝国でなくても、たとえば古代ギリシャや中世のベネチアについて、文化・文明史に残る貢献はじつに多い。こういう小さな都市国家でさえも人類史に残るような評価をされる貢献は多々あるものだ。

しかし、戦後日本は、「侵略」「搾取」「虐殺」という話ばかりである。果たして、それだけだったのだろうか。日清戦争から北清、日露戦争にいたるまで、「小日本」は列強に伍した、と世界から驚嘆賛嘆されることも多かった。二〇世紀の世界を変えたのは日本と賞賛する日本人論も少なくない。

人類の有史以来、文明の栄枯盛衰、大国の興亡など多く語られてきた。ことに第二次大戦後、日本の過去をおとしめる史観や史説、史評しかない風潮は、「歴史」よりも「政治」に関心が強いからだろうか。じつに嘆かわしいことだ。

もし、戦後・戦前と近現代史を二分するとすれば、日本史ほどダイナミックで、世界史に対する影響、ことに歴史貢献が日本以上にあった国は見つからないだろう。もちろん、パックス・ブリタニカやパックス・アメリカーナと言われる英米も日本にはおよばない。

二〇世紀の人類史を変え、大航海時代五〇〇年の歴史をも変えたのも、その一つである。開国維新以来の一世紀半以上を経た日本。この資源小国がいかにして経済大国、文化大国になりえるのか、他の国がモデルとしたノウハウ・システムを生み出した。それが近現代史における最大の貢献であると私は断言する。

はたして、戦後の日本人は「歴史に盲目」なのだろうか。いや、米露・中韓こそ、盲目である。歴史の真実に意図的に目を覆うだけではなく、自分たちに都合のよい「政治」しか語らないではないか。

戦前、西洋人の日本に対する評価は高かった。その一人として名を知られるのが、フランスの哲学者・神学者で、高名な詩人でもあったポール・リシャール[1]博士である。

一九一六年に初めて来日したリシャールは、たちまち日本に魅せられた。そして、そのまま数年間、日本に滞在する。そのときにつくった「日本の児等に」と題する詩に、日本の七つの栄誉と使命を次のように挙げている。

①独り自由を失わなかったアジア唯一の民よ。貴国こそ自由をアジアに与えるべきだ。

②かつて他国に隷属しなかった世界唯一の民よ。すべての隷属の民のために起つのは貴国の任務だ。

③かつて滅ぼされたことのない唯一の民よ。すべての人類の幸福の敵を滅ぼすのは自国の使命だ。

④新しい科学と古い知恵とヨーロッパの思想と、アジアの精神とを自己の中心統合してい

る唯一の民よ。これら二つの世界を融合するのは貴国の任務だ。
⑤流血の歴史のない宗教をもつ唯一の民よ。一切の神々を統一して、さらに神聖な真理を発揮するのは貴国であろう。
⑥建国以来、一系の天皇を永遠に奉戴する唯一の民よ。貴国は万国に対し、人がなお天の子であり、天を永遠の君主とする一つの帝国を建設すべきことを教えるために生まれてきた。
⑦万国に優って統一性のある民よ。貴国は未来の統一に貢献するために生まれ、また戦士として、人類の平和を促すために生まれてきた。

開国維新から約七〇年経った一九二〇年代前後には、日露戦争、欧州大戦は終わったが、辛亥革命やロシア革命、トルコ革命が続く。そんな世界の変革動揺期に、日本がはたしてきた世界史への役割は大きく、ポール・リシャールの詩でもわかるが、その後の行動も期待されていたのである。

しかし第二次大戦後、アメリカは世界新秩序づくりに悪戦苦闘中だった。「世界革命」の嵐が吹きすさぶ。そして、東西冷戦に突入せざるをえなかった。国共内戦後に中華人民共和国が生まれた。朝鮮半島も米ソの分割占領下で、南北がそれぞれ建国し、朝鮮戦争へ突入していく。

戦後世界が国際力学構造の変動期にあって、大陸も半島も戦後反日を建国のテコとして選び、日本をおとしめるのに夢中になった。もし、一八世紀末からの清、中国内戦史や同時代の朝鮮の階級強化史を少しでも知れば、中国や韓国・朝鮮に対する「侵略」や「植民地支配」よりも、むしろ大きな歴史貢献に目が向くのが人間としてあるべき良心であり、良識とも言える。そこで中国・韓国に対する歴史貢献を要約して、箇条書きするのみに止まりたい。

①列強の中国分割を阻止した。
②内戦で荒廃した農村を再建し、飢餓から救済した。
③近代経済をもち込み、各種のインフラを建設した。
④医療・衛生環境を整備し疫病（流行性伝染病）を抑えた。
⑤伝統文化を保存し、学校を建設した。
⑥内戦を終結させ、自国民同士の殺し合いを阻止した。
⑦治安維持と安定秩序を再建した。
⑧近代化を指導した。

⑨衰亡の危機に直面した中華世界を再生させた。

第二次大戦後に建国された韓国は、「日帝三六年の七奪」ばかりを口走り、日本非難を続けてきた。しかし朝鮮史の真実から見て、それはただの逆説、つまりパラドックスのみに止まっている。むしろ私は「七奪」ではなく、「七恩」か「七施」だったと声を大にして言いたい。歴史の真実から見て、朝鮮総督府への「七大貢献」として、私がいつも挙げているのは次のとおりである。

①朝鮮を中華千年属国から解放した。
②植物依存の文明から産業社会による朝鮮半島の国土改造と生態学的更生を達成した。
③優生学的医療・衛生、環境改善および教育の普及によって、国民の民力と近代民族の育成に貢献した。
④日本とともに世界へ雄飛させ、民族生存空間を地球規模に拡大させた。
⑤伝統的階級制度から奴婢を解放した。
⑥朝鮮伝統文化を保護・保存・再生を行った。
⑦朝鮮半島の民力を超えた近代社会を建設した。

このように日本は近代国民国家として、開国維新から約九〇年にもわたって、中韓に大きく貢献してきた。それ以外に一体世界史にいかなる貢献をはたしてきたのだろうか。絶対に見逃してはならないのは、次の事実である。

①西欧列強の地球分割を阻止した。
②非西洋諸国近代化のモデルとなった。
③台湾、朝鮮、満州の近代化を遂げた。
④「赤禍」からアジアを防衛し続けた。
⑤アジアの植民地を欧米から解放した。
⑥日本帝国の遺産は戦後も東アジアの発展を支えてきた。

これからの世界へ日本の可能性

日米戦争に敗北した日本は、敗戦国としてGHQに七年余りも占領される。開国維新後から営々と築いてきた大日本帝国の遺産は、日本列島を除いてほとんどが失われた。しかし、日本は敗戦の焼け跡から再び這い上がり、経済大国として復活を果たす。ところが、数年前、日本はGDP（国内総生産）で中国に抜かれた。

しかし、GDPは「成長率」の変動が激しい経済指標である。それを唯一の基準にするのではなく、設備、インフラ、教育力なども含めた総合力から国力を計るべきではないだろうか。

国連の調査（「二〇一二年総合的な富裕度報告書」）によると、生産した資本、人的資本、天然資本、健康資本などの「総合的豊かさ」では、日本が一人当たりで、国全体としてトップのアメリカを抜き、世界一豊かな国（四三万五四六六米ドル）となっている。ちなみに、二位になったアメリカは三八万六三五一米ドルだった。中国は一七位で一万五〇二七米ドルに止まっている。

一九九〇年代に入ってバブルがはじけ、いわゆる「失われた二〇年」といわれた長期デフレで、日本人は一九八〇年代とはすっかり変わり、「もうダメだ」という風聞の中で、自信喪失が続き、深刻化する一方だった。

教育とマスメディアの自虐的な気風のせいで、日本人は日本の実力と底力から目を背けがちだ。ところが実際は、外から見た日本はまったく違う。日本は今でも世界で「もっとも暮らしたい国」であり、世界貢献トップの国として高く評価されているのだ。そこがマゾ的な日本と自画自賛する中韓とは正反対のところである。

私は、つくられた日本の虚像ではなく、日本の実像にもっと目を向けることを日本人に勧めたい。とくに一〇の視点を取り上げてみよう。

①戦後日本は政治大国でないにしても、一人当たりの、あるいは全国当たりの総合的な豊かさは世界一である。
②日本は今でも世界の最先進国として、アジアだけでなく欧米に比べても、ほとんど遜色がない。
③資本、技術、人材、情報の提供センターとなれる存在である。
④開国維新から今日にいたるまで、日本は知識と知恵の最大集積基地であり、情報発信の基地でもある。
⑤戦後日本は、すでに七〇年にもわたって内戦もなければ対外戦争もない超安定した平和な社会である。
⑥中国、朝鮮、韓国、ベトナム、カンボジア、ミャンマーなどアジアのほとんどの国では、第二次大戦後でも内戦と対外戦争が起きている。また現在、暴動・対立が頻発している国もある。日本はアジアの安定勢力としての存在感と実績がある。

⑦民主政治は、すでに神代の時代の神議から今日にいたるまで、その成熟度と国民の民度、性格も高く、近代国家のモデルとなれる。
⑧日本は開国維新以来、百数十年にわたり、近代化・日本化の牽引車として歴史的な貢献を果たしてきた。また、世界の国々もそれを認めている。
⑨生存権や人権など人類の普遍的価値を守り、近隣の独裁国家の人権蹂躙と暴走を防ぐ歴史的使命をもつ。
⑩日本は暴力によって他国を支配するのではなく、魅力的な国家として各国の国づくりのモデルとなれる。今でも、もっとも「住みたい国」「憧れている国」のトップに選ばれ、「安定にして安全で、安心のできる社会」、そして成熟している日本のシステムがアジアからも世界からも嘱望され、期待されている。客観的な条件としては、日本は欧米だけでなく、すでに失速と転落の兆しが見られるBRICSに比べても、ソフト・パワーもハード・パワーも優れている。日本人にもっとも欠けているのは「人類への使命感」と戦前の日本人がもっていた気概と勇気だけだ。

日本はもう戦後七〇年を超えようとしている。諸外国、ことに戦後に生まれた国々と比べ、神代から続いてきている「万世一系」の日本は、国内問題は比較的少ないほうで、戦後、跳梁跋扈してきた反日日本人も、すでに「種の絶滅」の歴史の終わりを迎えつつある。

これからの日本が直面するのは、むしろ人類共有の難題と課題である。詳述することはできないが、たとえば、環境、資源、人口、貧富の格差、貧困の克服、人権、自由、戦争と平和、疫病、凶悪犯罪とテロの阻止などなどじつに多い。

いずれも一国だけではなく人類共有の問題である。私が比較的楽観するのは、日本という存在があるからだ。それは神代から今日にいたるまでの日本の対応力と強靱な底力が存在することの期待よりも、信頼と確信である。日本についての「文明の仕組み」と「日本文明の場（トポス）としての原理」さえ知れば、誰でも私と同様に楽観的になるに違いない。

では、「場としての原理」とは一体何なのだろうか。

まず日本列島という定量空間から生まれた日本文明そのものが地球文明の雛形、つまり宇宙船「地球号」となる。そして定量空間の原理に従って、資源再生のシステムを機能しながら未来へ向かっていく。それが「場としての原理」だ。

さらに日本文明の摂理に従うと、原始神道の共生と仏教の衆生から生まれた習合の原理が機能し、日本が近代国民国家として転生していく。その対応力も日本文明の底力の一つでもある。

私が日本という存在と未来に楽観的になるのは、主にこの二つの原理を確信しているからだ。本当に日本をよく見つめ、日本をよく知っている人なら、楽観的になるのは当然といえば当然だろう。戦前の日本人が誤った道を進んだのではない。誤った道を自ら選んだのは、むしろ戦後日本人のほうだと知るべきだ。

そのことさえ知れば、これからの日本は何を選ぶべきか自ずからわかるし、日本の伝統が日本人にとってだけでなく、人類共有の貴重な「文化財」であるとみなすことができるだろう。これからの教育とメディアを変えるため、言論人と文化人の働きに、私は大いに期待している。

1ポール・リシャール　学者、詩人。一八七四～一九六七。インドの詩人タゴールとも親交があった。

【著者プロフィール】
黄文雄　（こう・ぶんゆう）
台湾高雄州岡山郡（現在の高雄県岡山鎮）に生まれる。64年留学のために来日。早稲田大学商学部卒業後、明治大学大学院文学研究科博士前期課程修了。拓殖大学日本文化研究所客員教授。台湾独立建国連盟日本本部委員長。『中国の没落』がベストセラーとなり評論家に転身。94年に台湾ペンクラブ賞を受賞。
著書に『真実の中国史【１９４９－２０１３】』『日本人よ！「強欲国家」中国の野望を砕け』『学校では絶対に教えない植民地の真実』（いずれもビジネス社）『捏造だらけの中国史』（産経新聞出版社）他多数あり。

米中韓が仕掛ける「歴史戦」

2015年6月1日　第１刷発行

著　者　黄文雄
発行者　唐津　隆
発行所　株式会社ビジネス社
〒162－0805　東京都新宿区矢来町114番地
神楽坂高橋ビル5F
電話　03－5227－1602　FAX 03－5227－1603
URL　http://www.business-sha.co.jp/

〈カバーデザイン〉上田晃郷
〈本文DTP〉茂呂田剛（エムアンドケイ）
〈印刷・製本〉モリモト印刷株式会社
〈編集担当〉佐藤春生〈営業担当〉山口健志

ISBN978-4-8284-1816-2

ビジネス社の本

日本人よ！「強欲国家」中国の野望を砕け

黄文雄……著

定価　本体952円＋税
ISBN978-4-8284-1722-6

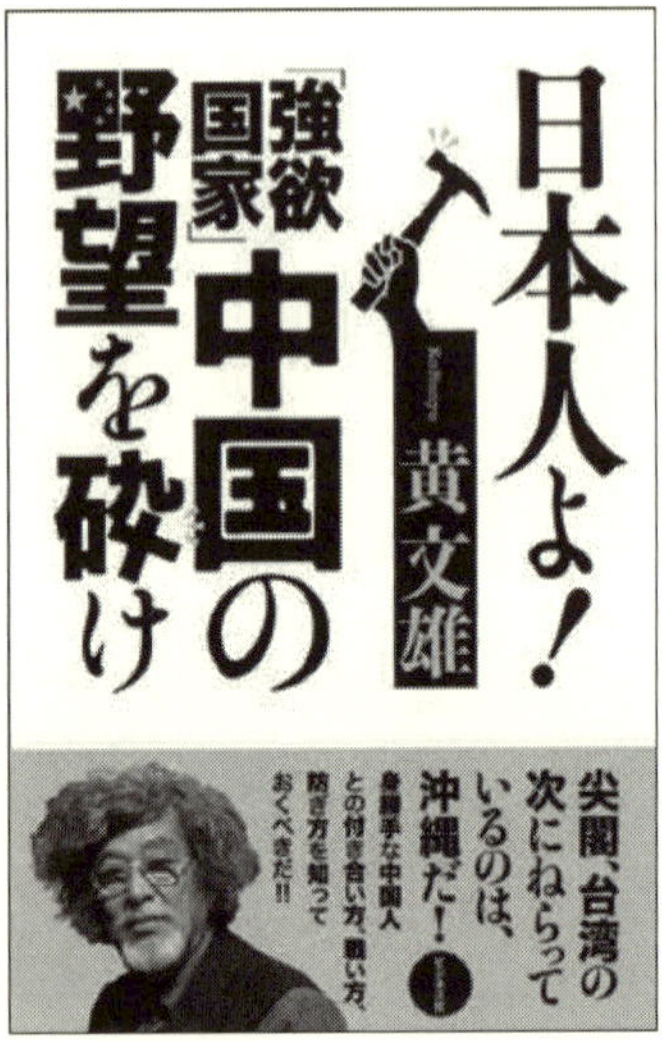

尖閣、台湾の次にねらっているのは、沖縄だ！
身勝手な中国人との付き合い方、闘い方、防ぎ方を知っておくべきだ!!

本書の内容